アジャイル開発の法務

スクラムでの進め方・外部委託・偽装請負防止・
IPAモデル契約とカスタマイズ

弁護士
梅本大祐 著

日本加除出版株式会社

は し が き

　本書は、アジャイル開発について、法律実務家から見た論点やその考え方についてまとめたものです。

　筆者は、これまで二度にわたり（一度目は 2010 年 10 月から 2013 年 3 月まで、二度目は 2019 年 4 月から 2022 年 3 月まで）、独立行政法人情報処理推進機構（IPA）において、アジャイル開発を外部委託する際のモデル契約を策定するプロジェクト・チームやワーキング・グループに専門委員として関与しました。本書では、そうした活動の中で得た知見を基礎として、アジャイル開発の法務に関する論点をピックアップし、検討を試みています。

　アジャイル開発に関しては、法務的な観点から検討を要する点は少なくないにもかかわらず、アジャイル開発の法務を中心に取り上げた日本語の書籍は、これまで見当たりませんでした。

　その理由として考えられるのは、①アジャイル開発といっても様々な手法があり、開発実務の運用も多様であるため、そもそも議論の対象とする手法や実務をどう把握すべきか悩ましい、②アジャイル開発に関して公表されているトラブル事例や裁判例が少なく、現実にどのようなことが問題となるのか、必ずしも明らかでないといった点です。上記の IPA のモデル契約の策定にあたっても、こうした点は悩みの種でした。

　本書では、これらのうち①について、アジャイル開発で最もよく使われているフレームワークであり、IPA のモデル契約が前提としている「スクラム」を取り上げることとしました。そして、開発実務については、公表されている資料・文献を参照し、いくつかの重要なポイントについては、第一線でアジャイル開発実務に携わっている方々から直接アドバイスをいただき、可能な限り、現在の比較的メジャーな実務の運用を反映するように努めました。

　また、②については、法務面から理論的に問題となりうる点を検討するに

あたって、（やはり数は多くないものの）筆者がこれまで見聞きしたトラブル事例や公表されている裁判例を考慮するよう努めました。なお、裁判例のうち、読者の参考になりそうなものについては、第3章でまとめて紹介し、それぞれコメントを付しています。

　本書の概要は、以下のとおりです。

　第1章（アジャイル開発の紹介）では、ウォーターフォール開発との比較や、一般的なアジャイル開発（スクラム）の進め方を概説しています。

　第2章（法務的観点から見たアジャイル開発）では、第3章以下につながるイントロダクションとして、アジャイル開発の外部委託の活用形態や、外部委託の際に考慮すべきアジャイル開発の特徴についてまとめています。

　第3章（アジャイル開発と契約）では、公表されているモデル契約の紹介を行うとともに、アジャイル開発の外部委託契約において検討すべきポイントについて論じています。また、アジャイル開発に関する裁判例のうち、読者の参考になりそうなものを紹介しています。

　第4章（アジャイル開発と偽装請負）では、かねてより問題となっていたアジャイル開発の偽装請負該当性について、厚生労働省が2021年に公表した「「労働者派遣事業と請負により行われる事業との区分に関する基準」（37号告示）に関する疑義応答集（第3集）」の内容を検討しつつ、アジャイル開発のイベントやプラクティスへの具体的なあてはめを試みています。

　第5章（IPAモデル契約（2020年3月公表）の活用）では、IPAのモデル契約をカスタマイズする際の注意点を示すとともに、カスタマイズの具体例（第3章や第4章で検討した内容をもとにした、モデル契約自体のアップデート案に近いもの）を示しています。

　アジャイル開発は、試行と改善を重ねながら、ユーザにとって真に価値のあるプロダクトを開発するものですが、何を開発するか（What）はユーザが決めるものの、それを具体的にどのように開発するか（How）については、開発者（エンジニア）に大きな裁量が与えられており、チームで自律的に開

発を進めていきます。そして、このような自律性が、個々の開発者が個性や創造性を発揮し、モチベーションを高く維持しながら良い仕事をすることにつながっています。

　筆者がこれまでアジャイル開発に関するIPAの活動に関わったり、アジャイルジャパン等の関連イベントに参加するなどしてきた中で、特に印象深かったのは、日々アジャイル開発に携わっている方々が、アジャイル開発をさらに活用し、普及させたいという意欲に満ち溢れており、なにより楽しそうに活動されていたことです。

　環境の変化に柔軟に対応しながら、真に価値あるものを実現しようとするアジャイル開発のコンセプトや考え方は、近年注目を集めており、ソフトウェア開発にとどまらず、組織や社会をより良い方向に変革するものとして、様々なところで応用され始めています。筆者としては、アジャイル開発が、個々人やチームに大きな裁量を与え、その創造性を生かして良い仕事ができる環境を提供している点も、組織や社会の閉塞感を打破するヒントになるのではないかと考えています。

　そのようなアジャイル開発の普及にあたって、本書がその一助になれば幸いです。

　最後になりましたが、本書を刊行するにあたってお世話になった皆様、特に、開発実務に関するアドバイスを頂戴した専門家の方々と、本書の企画を提案し、編集作業に尽力いただいた日本加除出版株式会社の岩尾奈津子さんに、この場を借りて感謝を申し上げる次第です。

2022年10月

弁護士　梅　本　大　祐

凡　例

1　法令名等の略語

　本書では、適宜、以下の略語を用いた。その他の法令の引用については、慣例による。

労働者派遣法、派遣法	→	労働者派遣事業の適正な運営の確保及び派遣労働者の保護等に関する法律
下請法	→	下請代金支払遅延等防止法
個人情報保護法	→	個人情報の保護に関する法律
独占禁止法	→	私的独占の禁止及び公正取引の確保に関する法律

2　裁判例集、雑誌等の略語

判時　→　判例時報

判タ　→　判例タイムズ

労判　→　労働判例

金商　→　金融・商事判例

3　裁判例表記の例

東京地判平成 22 年 4 月 8 日　→　東京地方裁判所平成 22 年 4 月 8 日判決

目　次

第 1 章　アジャイル開発の紹介

第4章　アジャイル開発と偽装請負

第5章　IPA モデル契約 (2020年3月公表) の活用

本書記載の見解は、特に引用元の言及がない限り、筆者個人の見解であり、団体等の見解ではありません。

第1章

アジャイル開発の紹介

　アジャイル開発に関する法務対応を行うための前提として、アジャイル開発の概要を把握しておくことが望ましい。本章では、一般的なアジャイル開発の流れ、ウォーターフォール開発と比較した場合のアジャイル開発のメリット・デメリット、アジャイル開発の代表的なフレームワークであるスクラムによる開発の具体的な進め方等について紹介する。

第 1 アジャイル開発の概要

1 アジャイル開発とは

アジャイル開発とは何か、という問いに答えるのは実は難しい。「アジャイルソフトウェア開発宣言」(後掲コラム参照)を基礎とする概念であることは確かであるが、必ずしも明確な定義はなく、論者により、「より良い開発の在り方を見つけ出そうとする態度」というように開発者のスタンスに着目した定義がなされることもあれば、「反復を重ねながら要求の変化に対応する開発手法」というように開発手法に着目した定義がなされることもある。

本書ではひとまず、その目的に着目して、「ユーザにとって真に価値のあるプロダクトを開発することを目的として、小さな機能を短い時間で開発する作業を繰り返す開発手法」としておきたい[1]。

コラム

アジャイルソフトウェア開発宣言

アジャイル開発という概念は、従来の計画的なソフトウェア開発手法と一線を画す新たな手法を提唱していた 17 人のソフトウェア開発者が集まり、2001 年に取りまとめたアジャイルソフトウェア開発宣言[2]という文書に端を発するといわれる。

この宣言は、4 つの価値の比較について述べたシンプルなものであるが、それまでのソフトウェア開発の在り方を問い直すものである。この価値観と、その背後にある 12 の原則[3]を基礎として、より良いソフトウェア開発のための様々な手法が生み出され、進化を続けている。なお、同宣言と 12 の原則については、独立行政法人情報処理推進機構 (IPA) が「ア

---

1 影島広泰『法律家・法務担当者のための IT 技術用語辞典 [第 2 版]』(商事法務、2021) 151 頁では、「小さな機能を短い期間で開発する作業を繰り返してシステムを開発すること」とされている。
2 アジャイルソフトウェア開発宣言　https://agilemanifesto.org/iso/ja/manifesto.html
3 アジャイル宣言の背後にある原則　https://agilemanifesto.org/iso/ja/principles.html

ジャイルソフトウェア開発宣言の読みとき方」を公開しており[4]、アジャイル開発を理解する上で参考になる。

◆

アジャイルソフトウェア開発宣言

　私たちは、ソフトウェア開発の実践あるいは実践を手助けをする活動を通じて、より良い開発方法を見つけだそうとしている。この活動を通して、私たちは以下の価値に至った。

プロセスやツールよりも個人と対話を、
包括的なドキュメントよりも動くソフトウェアを、
契約交渉よりも顧客との協調を、
計画に従うことよりも変化への対応を、

価値とする。すなわち、左記のことがらに価値があることを認めながらも、私たちは右記のことがらにより価値をおく。

Kent Beck　James Grenning　Robert C. Martin　Mike Beedle
Jim Highsmith　Steve Mellor　Arie van Bennekum　Andrew Hunt
Ken Schwaber　Alistair Cockburn　Ron Jeffries　Jeff Sutherland　Ward
Cunningham　Jon Kern　Dave Thomas　Martin Fowler　Brian Marick

© 2001, 上記の著者たち
この宣言は、この注意書きも含めた形で全文を含めることを条件に自由にコピーしてよい。

◆

アジャイル宣言の背後にある原則

　私たちは以下の原則に従う：
　●顧客満足を最優先し、価値のあるソフトウェアを早く継続的に提供し

4　IPA「アジャイルソフトウェア開発宣言の読みとき方」https://www.ipa.go.jp/files/000065601.pdf

ます。

- 要求の変更はたとえ開発の後期であっても歓迎します。変化を味方につけることによって、お客様の競争力を引き上げます。
- 動くソフトウェアを、2-3週間から2-3ヶ月というできるだけ短い時間間隔でリリースします。
- ビジネス側の人と開発者は、プロジェクトを通して日々一緒に働かなければなりません。
- 意欲に満ちた人々を集めてプロジェクトを構成します。環境と支援を与え仕事が無事終わるまで彼らを信頼します。
- 情報を伝えるもっとも効率的で効果的な方法はフェイス・トゥ・フェイスで話をすることです。
- 動くソフトウェアこそが進捗の最も重要な尺度です。
- アジャイル・プロセスは持続可能な開発を促進します。一定のペースを継続的に維持できるようにしなければなりません。
- 技術的卓越性と優れた設計に対する不断の注意が機敏さを高めます。
- シンプルさ（ムダなく作れる量を最大限にすること）が本質です。
- 最良のアーキテクチャ・要求・設計は、自己組織的なチームから生み出されます。
- チームがもっと効率を高めることができるかを定期的に振り返り、それに基づいて自分たちのやり方を最適に調整します。

2　一般的なアジャイル開発の流れ

　アジャイル開発では、ユーザにとって真に価値のあるプロダクトを開発するために、ユーザが求めるものをなるべく早く目に見える形にし、それに対するフィードバックや、新たに生じたニーズを柔軟にプロダクトに取り入れながら改善を重ねていく。

　アジャイル開発において最もよく用いられる開発のフレームワークであるスクラムを例に挙げると、一定の短く区切った期間内に、要件定義、設計、実装、テストを行って実際に動くソフトウェア（この段階では、開発対象であ

るプロダクトの一部をなす機能）を作り、ユーザに見せてフィードバックを得る。こうした短期間での開発とフィードバックの獲得を何度も反復することで、ユーザのニーズを反映した、ユーザにとって本当に価値のあるプロダクトを徐々に作り上げていく[5]。また、一旦プロダクトをリリースした後も、その後のビジネス環境の変化によって新たに生じたニーズに応じて機能を追加したり、既存の機能を改善したりしながら、プロダクトを継続的に進化させていく。

　このようなアジャイル開発の手法は、様々な機能が集まって構成され、部分的な改良により価値が高まるソフトウェアやサービスの開発に向いている。例えば、サブスクリプション型で提供されるサービス（クラウドで提供される業務用アプリケーションや、リリース後も逐次コンテンツが追加されるタイプのスマートフォンアプリ等）では、課金利用者のつなぎ止めと拡大を図るため、バグやセキュリティ上の問題をこまめに修正するとともに、利用者が求める新たな機能やコンテンツを迅速かつ継続的にサービス投入し、魅力を高めていくことが求められるが、こうしたものは継続的な改善を得意とするアジャイル開発に適しているといえる。

　なお、継続的により良いアウトプットや開発の在り方を模索するという、アジャイル開発の考え方やアプローチには汎用性があり、ソフトウェア開発のみならず、企業の新製品開発[6]やマネジメントの手法、政府・企業・個人をステークホルダーとして巻き込んだ社会全体のガバナンスモデル[7]等についても、アジャイル開発を参考にしたものが提唱されている。

5　アジャイル開発に関する書籍は多数あるが、特に読みやすいものとして平鍋健児＝野中郁次郎＝及部敬雄『アジャイル開発とスクラム　第2版』（翔泳社、2021）。

6　アジャイル開発の主要なフレームワークであるスクラムは、1986年にHarvard Business Reviewに掲載された、竹内弘高＝野中郁次郎「The New New Product Development Game」という論文に由来している。この論文は、当時日本企業において行われていた新製品開発のプロセスを分析したものであり、1980年代の日本企業における新製品開発の手法がアジャイル開発の一つの起源であるといえる。

Hirotaka Takeuchi and Ikujiro Nonaka *The New New Product Development Game* (Harvard Business Review, 1986)

https://hbr.org/1986/01/the-new-new-product-development-game

> **コラム**
>
> ## 日本におけるアジャイル開発の普及状況
>
> 　アジャイル開発の普及は海外で先行しており、IPA の DX 白書 2021[8] によれば、以下のように、調査対象となった米国企業の 75.1％が実際にアジャイル開発を活用又は活用を検討しているのに対し、日本企業は 37.1％となっている。
>
>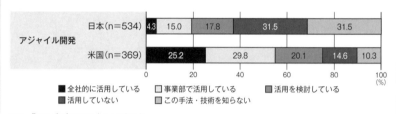
>
> IPA「DX 白書 2021」14 頁より
>
> 　業種別に見ると、一般社団法人日本情報システム・ユーザー協会（JUAS）の企業 IT 動向調査報告書 2022 によれば、日本においてアジャイル開発を導入済みの企業の割合は、金融・保険（33.3％）、サービス（22.4％）、社会インフラ（21.4％）で高く、特に金融・保険分野が先行している[9]。
>
> 　デジタル・トランスフォーメーション（DX）の推進が叫ばれる中、アジャイル開発はその有力なツールとして位置付けられており、多くの日本の企業が導入に関心をもっている。アジャイル開発を円滑に進めるために

7　経済産業省「日本語版「GOVERNANCE INNOVATION Ver.2：アジャイル・ガバナンスのデザインと実装に向けて」報告書」参照
　https://www.meti.go.jp/press/2021/07/20210730005/20210730005.html
　　なお、同報告書におけるアジャイル・ガバナンスとは、「様々な社会システムにおいて、『環境・リスク分析』『ゴール設定』『システムデザイン』『運用』『評価』『改善』といったサイクルを、マルチステークホルダーで継続的かつ高速に回転させていくガバナンスモデル」とされている。
8　IPA「DX 白書 2021」　https://www.ipa.go.jp/ikc/publish/dx_hakusho.html
9　一般社団法人日本情報システム・ユーザー協会「企業 IT 動向調査報告書 2022」
　https://juas.or.jp/library/research_rpt/it_trend/

は、ユーザとなる企業の側にも、後述するプロダクトオーナーの職責を十分に果たせる、ソフトウェア開発のノウハウを有する人材が一定程度いることが望ましいところ、日本では IT 人材が IT 企業（ベンダ等）に偏在していることから[10]、導入が進みにくい面もある[11]。もっとも、特に近年では「アジャイル」というキーワードがソフトウェア開発以外の様々な場面で用いられていることもあって、アジャイル開発に関する社会的な認知と関心が高まっており、普及は着実に進んでいる。

3　本書で扱うアジャイル開発（スクラム）

　本書で扱う「アジャイル開発」は、最もよく用いられている開発手法である「スクラム」を想定している。スクラムは開発の進め方のフレームワークであり、一般に「アジャイル開発」と呼ばれている開発手法は、このスクラムをベースに、エクストリーム・プログラミング（XP）など他のアジャイル開発手法から生まれた様々なプラクティスを柔軟に取り込んだものが多い。

第2　アジャイル開発とウォーターフォール開発との比較

1　ウォーターフォール開発

　ソフトウェア開発手法として、アジャイル開発とよく対比されるのは、いわゆるウォーターフォール開発と呼ばれる手法である。ウォーターフォール開発では、ユーザがソフトウェアに求める要求事項を開発プロジェクトの初期段階で全て洗い出して整理し、開発対象とするものを要件として固定する（要件定義）。その上で、設計、実装（プログラミング等）、テストというそれ

10　IPA「IT 人材白書 2017」13 頁によれば、米国の IT 人材のうち、IT 企業所属が34.6％、それ以外の企業への所属 65.4％であるのに対し、日本の IT 人材は、IT 企業所属が 72.0％、それ以外の企業への所属が 28.0％となっている。統計にある米国以外の国（カナダ、イギリス、ドイツ、フランス）についても、IT 人材のうち IT 企業所属はいずれも 50％未満であり、日本の IT 企業所属の割合は突出している。
11　内閣府「令和 3 年度　年次経済財政報告」122 頁

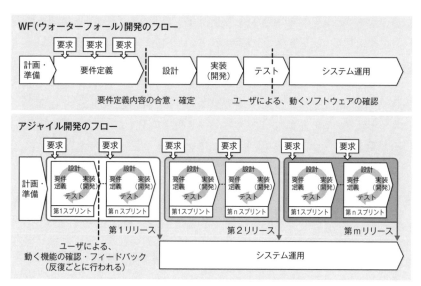

ウォーターフォール開発・アジャイル開発のフロー

ぞれの工程を段階的に進め、プロダクトを完成させる。

　ウォーターフォール開発は、計画的に開発を実行できる点で優れている
が、初期段階で開発対象となる要求事項を固定して、その後は変更せず、ま
た、一旦終了した工程には戻らないことを前提としている。

　しかし、現実はそううまくいかず、実際には、要件定義の漏れやユーザの
要望により、事後的な要求事項の追加・変更が発生することも多い。実装段
階になってから要求事項の追加・変更をする場合、要件定義段階に遡った変
更と全体計画の修正を要し、手戻りによるコストと時間のロスが生じるた
め、そう簡単に変更を受け入れることはできない。

　こうした特徴から、ウォーターフォール開発は、要件定義後や仕様凍結後
に新たに生じたニーズの変化を取り入れにくいといえる。また、当初は大き
なニーズがあったが、開発途中のビジネス環境の変化でニーズが減少した機
能も、基本的には当初計画に従って開発されることになり、結果として無駄
な機能に労力が割かれる。さらに、ウォーターフォール開発の工程上、ユー

ザが実際に動くソフトウェアを見るのはプロジェクト後半のテスト段階であることが多いが、ユーザが実際に動くソフトウェアを目にして、想定していたイメージとの齟齬を発見し、変更を求めたとしても、やり直しのためには大きなコストと時間が必要となるため、変更は受け入れられにくい（開発を外部委託している場合には、このことが紛争の原因となる。）。

　かくして、開発されたプロダクトは、ユーザが真に望むプロダクトからかけ離れたものとなり得る。

2　ウォーターフォール開発と比較した際のアジャイル開発の特徴（メリット）

　これに対して、アジャイル開発は、そもそもユーザのニーズが変化することを前提とし、その変化を的確に反映したプロダクトを開発することを目的とする。アジャイル開発においては、開発対象を機能ごとに細かく分けて優先順位を付け、ユーザにとって価値の高いものから順に開発を行う。後から必要となった機能も開発対象に含めることができるほか、一旦開発対象に含めた機能でも、要求事項が変化して不要となれば、開発対象から除外することができる（**メリット1：ニーズ変化への対応**）。例えば、当初開発を想定している機能としてA、B、Cがあった場合、ウォーターフォール開発ではA、B、Cを要件定義において固定し、それら全てを対象に計画的な開発が行われるが、アジャイル開発では、このうちユーザが最も必要としているAをまず開発する。その間に、ユーザの要求事項の変化でBが不要となり、さらにCよりDが優先となれば、Aの後にDを開発することになる。このように、プロジェクトの途中で要求事項を柔軟に追加・変更する仕組みがプロセスに組み込まれている。

　次に、ウォーターフォール開発では原則として開発対象全体を確定してから開発を開始するが、アジャイル開発では、全体の仕様が確定していない段階でも、必要最小限の機能から先行して開発を始め、小さな状態でリリースして、その後機能追加を重ねることができる（**メリット2：迅速な開発着手とリリース**）。

　また、アジャイル開発では、一旦プロダクトをリリースした後も、ユーザ

の新たなニーズやフィードバックに基づき追加・改善を重ねていくため、プロダクトをユーザが現に求める価値に応じて継続的に進化させることができる（**メリット3：継続的な追加・改善によるプロダクトの進化**）。

　さらに、アジャイル開発では、開発者とユーザが密に対話し、動くソフトウェアを都度確認しながら開発を進めていくため、開発の最終段階で開発者とユーザのプロダクトに抱いているイメージギャップが発覚してトラブルになるリスクは少ない（**メリット4：トラブル予防**）。

　このように、アジャイル開発は、いわばウォーターフォール開発の弱点を克服するものとして様々なメリットがあり、うまく活用できれば非常に有効である。

3　アジャイル開発も万能ではない

　アジャイル開発がそんなに素晴らしいものなら、全てのソフトウェア開発で使えばよいのではないかといえば、必ずしもそういうわけではない。アジャイル開発が向かない開発対象もある。また、アジャイル開発は、その真価を発揮するまでにある程度の試行錯誤や慣れを要する面があり、（特にウォーターフォール開発のやり方に慣れている場合は）当初はうまくいかないことも多い。さらに、アジャイル開発では、ステークホルダーとの調整を行いながら、プロダクトの方向性を決めるプロダクトオーナーが職責を果たすことが重要であるが、これはかなり負荷の高い役割である。ユーザ企業やユーザ部門は、開発に対する継続的かつ深いコミットメントが求められる。

（1）開発対象の適否

　一般的に、ユーザの要求事項が当初から明確であり、事後的に変化しにくいものであれば、アジャイル開発を採用するメリットは小さく、ウォーターフォール開発の方が向いている。

　アジャイル開発は、基本的には少数精鋭の小規模な開発チームで行うことが想定されているため、分業による計画的な開発をしやすいウォーターフォール開発に比べて、かえって時間やコストがかかってしまうおそれがある。

　アジャイル開発に向いている開発対象としては、①コンポーネント化された機能の組み合わせにより構成されるもの、②ビジネス環境やニーズの変化に対応する必要があるもの、③ユーザインターフェイスにユーザの意見を反映する必要があるものなどが挙げられる（後掲する「ウォーターフォール開発とアジャイル開発の特徴比較」参照）。開発対象の性質をふまえて、適切な開発手法を選ぶようにしなければならない。

(2)　慣れるまでの難しさ

　アジャイル開発は、多くのソフトウェアエンジニアの経験やベストプラクティスの集積に基づくものである。例えば、スクラムのフレームワーク自体は、頭では理解しやすいものの（「具体的な流れ」は 16 頁、「ロール」は 19 頁参照）、実際にやってみると、様々な問題が生じ得る。特にプロダクトオーナーの立場では、どのステークホルダーをどのように巻き込むか、ユーザの要求事項をどう発掘して取りまとめるか、要求事項をどのようにプロダクトバックログに落とし込むか、ユーザからの忌憚のないフィードバックをどのように得るか、どの段階でリリース判断を行うか等、やってみないとわからないことが多い。

　また、開発チームの立場では、開発開始当初は、スプリント期間中に予定したスプリントバックログを開発しきれない、プロダクトバックログが開発可能な精度になっておらず、スプリントで成果が出ない、スクラムイベントに時間がかかり過ぎる、スプリントレビューのデモの際に、開発した機能が動作せずレビューにならない[12] といった問題が生じ得る。

　そのため、初めてアジャイル開発を行う場合は、十分な経験と実績のあるスクラムマスターを選任するほか、アジャイル開発に精通したベンダ等が実施するトレーニングやワークショップに参加したり、アジャイルコーチと呼ばれる専門家に進め方の指導をしてもらうといった、準備・対応が推奨される。

　アジャイル開発は、慣れないうちはなかなか想定どおりに進まないことも

12　市谷聡啓『正しいものを正しくつくる』（ビー・エヌ・エヌ新社、2019）168 頁

多いため、早々に「アジャイル開発はうまくいかない」との評価を下して諦めてしまう例もあるようだが、専門家のアドバイスなども得ながら、本気で取り組む覚悟をもって、ある程度時間をかけて経験やノウハウを獲得していけば、問題は次第に解消されていくと思われる。

（3）ユーザ企業・部署、プロダクトオーナーに対する負荷

アジャイル開発において、ユーザの要求をプロダクトに反映するためには、ユーザのニーズやその変化を正しく把握し、優先順位を決めて開発チームに伝えたり、開発された機能をレビューし、フィードバックを提供したりする必要がある。こうした役割（後述するプロダクトオーナー）は原則としてそのプロダクトを企画し活用しようとするユーザ企業・部署の人員が担い、積極的かつ継続的に開発にコミットすることを求められる。それを怠れば開発が停滞するため、ユーザ企業・部署には相応の負荷が生じる。

アジャイル開発はユーザの意向を柔軟に反映する手法であるが、そのためには、ユーザ企業・部署がプロダクトに対するビジョンを持ち、ニーズを収集し、タイムリーに適切な意思決定を行って、積極的に開発を前に進めていく必要がある。

ウォーターフォール開発とアジャイル開発の特徴比較

	ウォーターフォール開発	アジャイル開発[13]
メリット	・【計画的な開発】開発対象全体の要件を定義し、設計、実装、テストと段階的に開発を進めるため、工程、予算、スケジュール、開発体制を事前に計画しやすい 開発の進捗確認や予算管理をしやすい ・【分業による大規模開発】役割分担・分業がしやすく、大規模な開発体制による開発をしやすい	①【ニーズ変化への対応】ニーズが変化しても、それに的確に対応した柔軟な開発（現時点で必要な機能の開発）をしやすい ②【迅速な開発着手とリリース】全体が未確定でも、必要性が高い機能から迅速に開発・リリースしやすい ③【継続的な追加・改善によるプロダクトの進化】一旦完成・リリースした機能・プロダクトについて、ユーザのフィードバックを受けたタイムリーかつ継続的な機能の追加・改善をしやすい

	・【文書による管理と追跡可能性】各工程で要件定義書、設計書等の文書を作成し、それをもとに次の工程を進めるため、事後的な検証や確認をしやすい[14]	④【トラブル予防】実際に動くソフトウェアで、定期的にユーザのレビューを受けるため、ユーザの要求と開発されたプロダクトとの間のギャップが小さくなり、トラブルが生じにくい
デメリット	・全体の要件を定義した後は、原則として事後的な変更を許さないため、ニーズの変化に対応しにくい ・ユーザが実際に動くソフトウェアをチェックするのは、一連の開発後のテスト段階であることが多く、その時点でイメージギャップが露見しトラブルになることがある	・開発対象が変動する前提で開発を進めるため、開発開始時点では最終的にどのようなものができるか明確でない、また費用対効果の予測を立てにくい面がある ・少数精鋭で開発チームを構成することが想定されており、規模を大きくしにくい ・開発対象の内容についての舵取りを行うプロダクトオーナーが、開発対象に求めるユーザのニーズを適切に収集し、必要な機能とその優先順位について適時に意思決定を行わなければ、開発が停滞する ・開発対象についてのユーザの目的・ビジョンが不明確だと、開発の方向性がぶれて迷走し、余計なコストや時間がかかるおそれがある
向いている開発対象	・あらかじめ要件を固定でき、事後的な変動が少ないもの ・開発対象の規模が大きく、細かい機能単位に分割できないもの	・コンポーネント化された機能の組み合わせにより構成されるもの[15] ・ビジネス環境やニーズの変化に対応する必要があるもの ・フロントエンド系でユーザインターフェイスにユーザの意見を反映する必要があるもの 例）多くの機能を備えたプラットフォームサービス 　　サブスクリプション型で提供されるウェブサービス 　　アップデートを繰り返すスマートフォンアプリ

※　なお、大規模な開発[16]では、全体としてウォーターフォール開発を行いつつ、その一部についてはアジャイル開発を採用するなど、ハイブリッドな形態もあり得る。

第3　プロトタイピング開発、スパイラル開発との比較

　アジャイル開発と似たものとしてプロトタイピング開発やスパイラル開発がある。

　プロトタイピング開発は、簡易な試作品（プロトタイプ）を早期に開発し、それに対するユーザのレビューとフィードバックを得て評価・検証した上で、正式なプロダクトの設計と開発を行う。

　スパイラル開発は、システムを機能単位に分けて、サイクルごとに開発対象とする機能についてプロトタイプを作成し、ユーザのフィードバックを受けながら、機能を開発する。そのサイクルを繰り返しながら、徐々に全体を開発していく。

13　内閣官房情報通信技術（IT）総合戦略室「アジャイル開発実践ガイドブック」https://cio.go.jp/sites/default/files/uploads/documents/Agile-kaihatsu-jissen-guide_20210330.pdf 6頁～9頁では、「アジャイル開発の9つの意義」として、①フィードバックに基づく開発で、目的に適したシステムに近づけていく、②形にすることで、関係者の認識を早期に揃えられる、③システム、プロセス、チームに関する問題に早く気付ける、④チームの学習効果が高い、⑤早く開発を始められる、⑥システムの機能同士の結合リスクを早期に解消できる、⑦利用開始までの期間を短くできる、⑧開発のリズムが整えられる、⑨協働を育み、チームの機能性を高める、を挙げている。

　そして、これら9つの意義を十分に発揮するための前提として、（a）常にカイゼンを指向すること、（b）対話コミュニケーションの重視、（c）情報システムの変更容易性を確保し続ける、（d）利用者目線で開発を進める、の4点をチーム及び関係者間で確認する必要があるとする。

14　アジャイル開発でも必要な範囲で文書は作成されるが、ウォーターフォール開発のように、次の工程のために作成されるわけではない。

15　居駒幹夫＝梯雅人『アジャイル開発のプロジェクトマネジメントと品質マネジメント―58のQ＆Aで学ぶ―』（2020年、日科技連出版社）18頁は、「基本的にアジャイル開発が適用可能なソフトウェアは、アーキテクチャーレベルで凝集度が高く局所的な改造で簡易に機能追加できる保守性の高いソフトウェア」である必要があるとする。

16　前掲注13　内閣官房情報通信技術（IT）総合戦略室「アジャイル開発実践ガイドブック」12頁では、大規模な情報システム、業務内容が極めて複雑又はミッションクリティカル（ほぼ一切の障害や誤作動が許されない）なものは、開発方法の選択に慎重な判断を要し、アジャイル開発をするとしても、「どこまでをあらかじめ詳細化するか、どの部分をアジャイルに開発するか、また、どのように品質を確保し、継続的に高めていくかといった判断が必要」とされている。

これらとアジャイル開発との主な相違としては、一般的なアジャイル開発が一定のリズムを保った短期間の反復（スクラムではスプリント）により開発を行い、1回の反復ごとにリリース可能な程度に動作するソフトウェアを完成させるのに対し、プロトタイピング開発で最初に開発されるものや、スパイラル開発のサイクルで開発されるものは、リリース可能なレベルではないことが挙げられる。

第4 アジャイル開発（スクラム）の進め方

1 アジャイル開発におけるフレームワークのバリエーション

アジャイル開発のための開発手法のフレームワークとしては、スクラム、XP（エクストリーム・プログラミング）[17]、FDD（フィーチャー駆動開発）、DSDM（ダイナミック・システム開発手法）、ASD（適応型ソフトウェア開発）、Crystal Clear 等、様々なものがある[18]。

これらのうち、現在最もよく用いられているフレームワークがスクラムである[19]。スクラムについては、このフレームワークの提唱者による公式ガイドである「スクラムガイド」が公開されており、数年に一度改訂されている[20]。また、スクラムによる開発の実践については、多くの書籍が出版されている[21]。

---

17 ストーリー、ペアプログラミング、シンプルな設計、テストファースト（テストを先に作るという、テスト駆動開発の前身となるプラクティス）、継続的インテグレーション等のプラクティスの集合。

18 これら手法の比較については、バリー・ベーム＝リチャード・ターナー『アジャイルと規律』（日経BP社、2004）205頁以下参照。

19 注6記載のとおり、スクラムはもともと、竹内弘高＝野中郁次郎「The New New Product Development Game」という論文に由来している。

20 Ken Schwaber & Jeff Sutherland「スクラムガイド」日本語版 2020年11月 https://scrumguides.org/docs/scrumguide/v2020/2020-Scrum-Guide-Japanese.pdf

21 スクラム実践の入門書として、西村直人＝永瀬美穂＝吉羽龍太郎『SCRUM BOOT CAMP THE BOOK【増補改訂版】』（翔泳社、2020）、Kenneth S. Rubin（岡澤裕二＝角征典＝高木正弘＝和智右桂 訳）『エッセンシャルスクラム：アジャイル開発に関わるすべての人のための完全攻略ガイド』（翔泳社、2014）、貝瀬岳志＝原田勝信＝和島史典＝栗林健太郎＝柴田博志＝家永英治『スクラム実践入門』（技術評論社、2015）等がある。

2　スクラムの具体的な流れ

スクラムでは、1週間から1か月程度の、一定の区切られた期間（「スプリント」と呼ばれる。）が設定され、その期間を一区切りとする開発を反復する。進め方の概要は次のとおりである。

（1）企画段階

ユーザ側が主体となって、解決すべき課題や、提供したいサービス等を検討し、プロダクトを企画する。この段階からベンダやコンサルタントを入れて企画を検討したり、アジャイル開発を行う準備のためのトレーニングやワークショップを行うこともある。

また、実際に開発を開始する前の段階で、企画しているプロダクトの方向性や内容が真に課題の解決につながるものなのか、その企画が前提とする仮説をユーザインタビュー等で十分検証してから開発に進む場合もある（後掲のコラム「仮説検証型アジャイル開発」参照）。

（2）準備段階

プロダクトオーナーが主となって、開発チームとともに、プロダクトに関するユーザの要求事項を細かな機能ごとに細分化してリストにし、優先順位を付ける（要求事項のリストを「プロダクトバックログ」という。要求事項には、機能だけでなく、調査や不具合改修、ドキュメント作成等も含まれる。）[22]。なお、プロダクトオーナーは、開発段階に入った後も、継続的にユーザの要求事項を管理し、必要に応じて開発チームと協議しながら、適宜プロダクトバックログに含まれる要求事項（「プロダクトバックログアイテム」という。）の細分化・具体化・詳細化、追加・削除、優先順位の変更等を行う（「プロダクトバックログリファインメント」という。）。

22　スクラムガイド（2020年版）の示唆するところでは、プロダクトオーナーは、プロダクトバックログを作成するにあたり、スクラムチームの長期的な目標として、そのプロダクトのあるべき姿、将来の状態（「プロダクトゴール」という。）を定める。その後、開発を進める中で、そのゴールにどの程度近づいているか計測する。

　また、開発に入る前に、スクラムチームでプロジェクト全体の計画を策定するための検討を行い、想定する開発対象の規模から、リリースまでに必要なスプリント数を見積って、スケジュールを立てる（「リリースプランニング」という。）[23]。

(3) 開発段階

　次のような内容を含むスプリントを反復することによって、一定のリズムを刻みながら開発を行う。

　　ア　スプリントにおける開発計画の策定（スプリントプランニング）

　開発チームとプロダクトオーナーは、一つのスプリント期間の最初に、プロダクトバックログにおける優先順位上位の要求事項の中から、そのスプリントで開発対象とする要求事項と、当該要求事項に関する開発の完了基準[24]について取り決める（ある一つのスプリントで開発対象とする要求事項に関するタスクのリストを「スプリントバックログ」という。）[25]。

　　イ　開発の実施

　開発チームは、スプリントバックログに載せた要求事項を実現する機能（プロダクトの一部をなすもの。「インクリメント」という。）を、そのスプリント期間が終わるまでに開発し、リリース判断可能な状態にする（具体的には、事前に取り決めた開発の完了基準を満たす状態にする。）。

　　ウ　スプリントにおいて開発された機能の検証と開発の進め方のふりか
　　　　えり（スプリントレビューとスプリントレトロスペクティブ）

　一つのスプリント期間が終わる前に、開発チームとプロダクトオーナーが共同で成果を検査し、プロダクトオーナーが完了基準に照らして判定をす

23　リリースプランニングは、スクラムガイドには記載がない。
24　厳密には、全てのインクリメントに共通の完成の定義（Done の定義）と、個別のインクリメントごとに定める受入基準に分けられる。ここでいう完了基準は、これら両方の意味を含む趣旨である。
25　スプリントバックログ作成時に、そのスプリントで目指す成果、実現すべき目標を端的に言い表したスプリントゴールも取り決める。

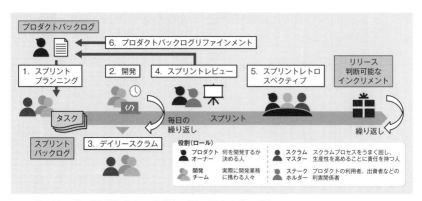

IPA「アジャイル開発進め方の指針」5頁の図をもとに修正

る。そして、ステークホルダー（特にそのプロダクトを使用するユーザ）に対
し、開発された機能のデモを行って、フィードバックを得る（「スプリントレ
ビュー」という。）。また、スクラムチーム内では、前回のスプリントの振り
返りを行い、開発の進め方等について改善すべき点がないか検討する（「ス
プリントレトロスペクティブ」という。）。

コラム

仮説検証型アジャイル開発

　実際に開発を開始する前の企画段階で、企画しているプロダクトの方向
性や内容が真に課題の解決につながるものなのか（あるいはユーザのニー
ズにマッチするものなのか）、その企画が前提とする仮説について、ユーザ
インタビュー等であらかじめ検証し、その上で実用最小限のプロダクト
（MVP：Minimum Viable Product）を開発して更なる検証を行う場合もあ
る（仮説検証型アジャイル開発）。

　アジャイル開発では、開発対象全体の要件を固めずに開発を開始するこ
とができるものの、ユーザにとって価値のあるプロダクトのビジョンや方
向性が、開発開始後に揺らいでしまうと、プロジェクトは迷走し、手間と
コストがかさんで成果が得られないという結果になるおそれがある。その

ため、仮説検証型アジャイル開発では、開発に取り掛かる前の準備フェーズにおいて、プロダクトが課題を解決することについての仮説を立て、ユーザインタビューやラフなプロトタイプ等によりその検証を行うことで、ユーザにとって価値のある機能を洗い出す。その上で、アジャイル開発でユーザに提供する、実用最小限のプロダクト（MVP）の範囲を特定し、実際の開発に進む[26]。

3　スクラムにおけるロール（関係者の役割）

スクラムでは、関係者の役割が定められており、それぞれが役割に従った活動をすることが求められる。

スクラムロール一覧

ロール	概　要
スクラムチーム	プロダクトオーナー1名、スクラムマスター1名、複数の開発者（開発チーム）により構成されるチーム。 敏捷性を維持するためには小規模である必要があり、通常は10人以下である。 プロダクトに関して必要となり得る全ての活動に責任をもつ[27]。
プロダクトオーナー	開発するプロダクトの価値を最大化することに責任をもち、そのためにユーザがプロダクトに望む要求事項（機能等）を取りまとめて、プロダクトバックログで管理する。 ベンダに開発を外部委託する場合でも、通常はユーザ側の人員がこの役割を担当する。負荷が大きい役割であるため、必要に応じて、プロダクトオーナー補佐を選任してサポートさせる場合や、プロダクトオーナー代行を選任して一部の意思決定を担わせる場合もある。

26　前掲注12　市谷『正しいものを正しくつくる』219頁以下、エリック・リース『リーン・スタートアップ』（日経BP社、2012）106頁も参照
27　前掲注20　スクラムガイド（2020年版）6頁

スクラムマスター	スクラムチームが円滑に機能するように、アジャイル開発についてのコーチングを行うほか、チームが直面するプロジェクト進行の阻害要因の排除を働きかけたり、問題の解決、会議のファシリテーション等を行ってスクラムチームを支援する役割を担う[28][29]。
開発チーム[30]	実際にプロダクトの開発を担う複数の開発者により構成されるチーム。完了基準を満たすものを開発する責任を負う。どのように開発するかについては自律的に決定する。 スクラムでは、基本的には開発チームのメンバーだけでプロダクトを完成させることが想定されており、開発チームのメンバーは、それぞれ強みや専門性（例えば、業務分析、プログラミング、デザイン、テスト等）をもったスキルの高い技術者（又はプロジェクトの中で学習し高いスキルを獲得できることが見込まれる人）であることを要する。

　その他、スクラムの役割ではないが、重要な概念として「ステークホルダー」がある。これは、開発するプロダクトのユーザ（利用する個人や部門）、管理者（プロダクトを運用する IT 部門）、責任者（事業責任者、経営陣等）などの利害関係者をいう。

28　スクラムガイド 2017 年版では、スクラムマスターが開発チームの進捗を妨げるものを（自ら）排除することや、必要に応じてスクラムイベント（ミーティング等）のファシリテーションを行うことが支援の例として挙げられていたが、2020 年版では、自ら排除するのではなく、スクラムチームに対して排除を働きかけるとされ、また、スクラムイベントのファシリテーションに関する記載は削除されている。

29　スクラムマスターは開発の進め方の面からスクラムチームを支援する役割であるが、チームに対する指示を出して開発のマネジメントを行うわけではないため、プロジェクトマネージャーとは異なる。

30　スクラムガイド 2017 年版までは「開発チーム」という概念が使われていたが、2020 年版では、チーム内での分断を避ける意図で、スクラムにおけるチームは、プロダクトオーナー、スクラムマスター、開発者で構成される一つのスクラムチームだけとされ、開発チームという概念は用いられていない。もっとも、この変更はあくまで理念的なものと考えられるため、アジャイル開発の契約や実際の開発において、便宜上、開発者の集合体を意味する開発チームという概念を使っても特段問題はないと思われる。

4　スクラムにおけるイベント（ミーティング等）

　スクラムでは、プロセスを実行していく中でのイベント（ミーティング等）が定義されている。スクラムチームは、これらを行うことで開発を進めていく。

スクラムイベント一覧

イベント	概　要
リリースプランニング[31]	プロジェクト全体の計画を策定・調整するためのミーティング。想定する開発対象の規模から、リリースまでに必要なスプリント数を見積って、スケジュールを立てる。
デイリースクラム（朝会）	毎日の業務開始時、15分程度で開催するミーティング。進捗を確認し、今後の作業を調整する。昨日したこと（進捗）、今日やること（予定）、認識している課題をそれぞれ話す。
スプリントプランニング	スプリントの開始に先立ち、そのスプリントで開発する機能を決めるミーティング。そのスプリントで目指す成果、実現すべき目標（スプリントゴール）を取り決めるとともに、プロダクトバックログの内容から、開発対象とするものを抜き出してタスクとしてまとめたスプリントバックログを作成して、開発チームとプロダクトオーナーで合意する[32]。
スプリント	スプリントバックログに記載されたタスクを実行し、実際に動作する、プロダクトの一部となる機能（「インクリメント」という。）を完成させる開発期間。スプリントの期間は一定（最大でも1か月以内）とし、スプリントが終わればすぐに次のスプリントが始まる。プロダクトオーナーは、スプリント中にインクリメントが開発されるごとに、完了基準を満たしているかどうかの判断を行う（完了の判断基準はあらかじめ定めておき、プロダクトバックログ等に記載しておく。）。

31　リリースプランニングはスクラムに正式に規定されたイベントではないが、実際には行われることが多い。
32　スプリントプランニングの際に、プロダクトバックログリファインメント（プロダクトバックログの内容を見直して、それに含まれる事項（プロダクトバックログアイテム）の細分化・具体化・詳細化、追加・削除、優先順位の変更等）を行うこともある。これによりスクラムチームが個々の要求事項に関する理解を深め、スプリントでの開発がしやすくなる効果がある。

スプリントレ ビュー	スプリントの成果を確認し、スプリントゴールの達成度を評価し、今後のスプリントで行うべき内容を検討するためのミーティング。 ステークホルダーにも参加してもらい、実際に動作するインクリメントのデモを行い、フィードバックを得る。 また、フィードバックに応じてプロダクトバックログの追加や優先順位の調整等（プロダクトバックログリファインメント）を行う。
スプリントレト ロスペクティブ	開発チームが自律的に改善を行うためのミーティング。 スプリントでの活動をふりかえり、品質や効果を高めるための工夫や、課題に対する対応策等を検討する。

5　アジャイル開発のプラクティス

　スクラムを含め、アジャイル開発では、より効果的に開発を進めるための手法（プラクティス）が提案されている。その一部を紹介する[33]。

アジャイル開発のプラクティス

プラクティス	概　要
インセプション デッキ	プロジェクトの本質的な内容についてスクラムチームやステークホルダーが理解を共有するための 10 の質問・課題（詳しくは 166 頁参照）。プロジェクト開始前にこれらの答えを作成し、プロジェクト期間中もアップデートし続けることで、プロジェクトの目的や注力すべき点等について認識を共有することができる。
ユーザストーリー	ユーザがプロダクトで実現したい内容を簡潔に記述したもの（粒度は異なるが、要求仕様書に近い位置付けのもの。）。インデックスカードのような小さめの紙に、ユーザ目線での達成したい目的と理由を端的に記載する。詳しい話をユーザから引き出すきっかけとして用いられるものであり、完璧な仕様を記載する必要はない。

33　アジャイル開発のプラクティスは、IPA「アジャイル型開発におけるプラクティス活用　リファレンスガイド」に詳しく紹介されている。
　　https://www.ipa.go.jp/sec/softwareengineering/reports/20130319.html

プランニングポーカー	あるプロダクトバックログアイテムの規模の大きさを見積もるにあたり、開発チームのメンバーそれぞれが同時に見積もりを提示し、その内容をもとに議論した後、再度同時に見積もりを行うという過程を繰り返す手法。全員参加のもとで議論しながら見積もりを行うため、見積もりの精度が向上するとともに、計画に対するメンバー全員の納得感や当事者意識を高めることができる。
ペアプログラミング（モブプログラミング）	同じ画面を見ながら、2人又は複数人で共同してプログラミングを行う手法。一方がプログラミングをするのと同時に、他方がレビューを行うことで、コードのミスや、独りよがりで理解しにくい状態になるのを防ぐとともに、知識共有をすることができる。手を動かしてプログラミングをする方を「ドライバー」、横から助言や質問をする方を「ナビゲーター」と呼び、役割を交代しながら行う。
リファクタリング	外部から見た機能を変えることなく、コードの内部構造を整理し、可読性（理解しやすさ）とメンテナンス性（管理・変更のしやすさ）を改善すること。
テスト駆動開発	インクリメントを開発するにあたって、まずテストコードを書き、それにより作成するコードに求める内容（仕様）を明確にしてから、テストに成功するようにインクリメント自体のコード（プロダクトコード）を作成する開発手法。作成したプロダクトコードが自動的にテストコードで検証されるようにしておけば、コードの問題が自動的に検知されるため、開発が効率化される。
継続的インテグレーション	インクリメントを開発したら、直ちにそれを既に開発済みの部分に統合して、全体としての動作に問題がないかテストし、開発済みの部分も含め、統合時に問題が生じれば、必要に応じて修正を行うという手法。自動化ツールが用いられ、これまでに開発した部分への統合、ビルド、テストが自動的に行われる。これにより、開発されたものが全てリリース可能な状態に維持される。

第5 アジャイル開発を成功させるためのポイント

　前記のとおり、アジャイル開発は、うまく活用できればユーザにとって真に価値のあるプロダクトをタイムリーに開発することができる。しかし、アジャイル開発の特性や関係者が果たすべき役割について十分理解しないまま、単に事前に仕様を決めなくても迅速にプロダクトを開発できる手法とい

う程度の認識でアジャイル開発をしようとすると、失敗する可能性が高まる。

　アジャイル開発を成功させるための基礎的なポイントは、IPA＝経産省「情報システム・モデル取引・契約書〈アジャイル開発版〉アジャイル開発外部委託モデル契約」（以下「IPA モデル契約」という。）付属の「アジャイル開発外部委託モデル契約　契約前チェックリスト」に列挙されており、参考になる。以下は、契約前チェックリストに掲げられた「チェックポイント」に対して、筆者が想定する、クリアできない場合のリスクを記載したものである。

1.　プロジェクトの目的・ゴール

チェックポイント	クリアできない場合のリスク
・プロジェクトの目的（少なくとも当面のゴール）が明確であるか ・ステークホルダーの範囲が明確になっているか ・目的についてステークホルダーと認識が共有されているか	プロジェクトの目的が明確でない場合、開発の方向性が定まらず、迷走してしまう。当面のものでよいので、そのプロジェクトでどのような課題を解決したいのか、ゴールを明確にしておく必要がある。明確化のためには、インセプションデッキが活用できる。 あらかじめプロジェクトのステークホルダーを明確にし、目的について認識合わせをしておかないと、後からプロダクトの方向性を覆されるなど、大幅な手戻りが生じるおそれがある。

2.　プロダクトのビジョン

チェックポイント	クリアできない場合のリスク
・開発対象プロダクトのビジョン（あるべき姿・方向性）が明確であるか ・開発対象プロダクトのビジョンについてステークホルダーと認識が共有されているか	課題を解決するための方策となるプロダクトについて、ビジョン（あるべき姿・方向性）が明確になっていないと、開発対象や優先順位が定まらず、開発に時間がかかり無駄な労力も増える。明確化のためには、インセプションデッキが活用できる。 あらかじめプロジェクトのステークホルダーとプロダクトのビジョンについて認識合わせをしておかないと、後からプロダクトの方向性を覆されるなど、大幅な手戻りが生じるおそれがある。

3.　アジャイル開発に関する理解

チェックポイント	クリアできない場合のリスク
プロジェクトの関係者（スクラムチーム構成員及びステークホルダー）がアジャイル開発の価値観を理解しているか	スクラムチーム構成員があらかじめアジャイル開発の理念やスクラムの役割・流れを理解していないと、そもそもアジャイル開発ができない[34]。また、ステークホルダーを含む関係者の理解がないと、開発に必要な負担や協力が得られず、開発が停滞・頓挫するおそれがある。また、外部委託の場合、「発注者と受注者の関係者が対等な関係の下で協働」するというアジャイル開発の本旨から離れた運用になり、ユーザからベンダ企業への指揮命令が生じて、偽装請負につながるおそれがある（第4章参照）。
プロジェクトの関係者がスクラムを理解しているか	

4.　開発対象

チェックポイント	クリアできない場合のリスク
開発対象プロダクトがアジャイル開発に適しているか	開発対象が不適切な場合、アジャイル開発はかえって時間、労力、コストがかかるおそれがある（10頁参照）。
1チーム（最大で10名程度）の継続的対応にて、開発可能な規模であるか	通常のスクラムは、複数チームへのスケールやハイブリッドは想定していないため、大規模開発の場合はそれに向いたフレームワークを用いて、チーム間の連携を考慮に入れた契約や運用を検討する必要がある。

34　前掲注15　居駒＝梯『アジャイル開発のプロジェクトマネジメントと品質マネジメント ―58のQ＆Aで学ぶ―』28、29頁は、アジャイル開発の失敗パターンとして、第一に「そもそもアジャイル開発の原理をよく理解せずにアジャイル開発のプラクティスをつまみ食いするようなケース」（例として、本来の意味でのプロダクトオーナーを割り当てていない場合や、インクリメントをプロトタイプの一種と勘違いして不完全なものを作成してしまう場合など）を挙げる。その他には、「アジャイル開発に従来開発で採用していた手法を無理やり適用して失敗するようなケース」（例として、ウォーターフォール開発で実績のあるドキュメントや品質管理手法を強引に押し込んでプロセスを重くしてしまう場合など）、「アジャイル開発の原理も理解し、アジャイルのプラクティスを愚直に実行したが、原則自身をうまく守ることができずに失敗してしまったというような」ケースを挙げる。

5.　初期計画

チェックポイント	クリアできない場合のリスク
プロジェクトの初期計画が立案されているか	将来的な変更はあり得るとしても、初期計画（全体規模感、想定コスト、想定するスケジュールやマイルストーン等を含む。）がないと、プロジェクトが迷走する。
プロジェクトの基礎設計が行われているか	初期の要求事項、アーキテクチャの分析・設計、開発環境の設計を行っておかないと、開発を始めることができない。
完了基準、品質基準が明確になっているか	完了基準が明確になっていないと、プロダクトオーナーによる要求事項の完了判断ができないため、少なくとも直近のスプリントの要求事項については完了基準を明確にしておく必要がある。
十分な初期バックログがあるか（関係者間で初期のスコープの範囲が合意できているか）	バックログが不足すると開発が停滞する。

6.　本契約（2020年版 IPA モデル契約）に関する理解

チェックポイント	クリアできない場合のリスク
本契約が準委任契約であることを理解しているか	IPA モデル契約を用いる場合は、それが準委任契約であり、請負契約でないことを理解しておかなければ、完成義務や契約不適合責任等を巡って事後的にトラブルになり得る。

7.　体制（共通）

チェックポイント	クリアできない場合のリスク
・ユーザ企業とベンダ企業の役割分担を理解しているか ・今回のプロジェクトにおける体制を理解しているか	役割分担や体制が理解されておらず、それぞれが果たすべき役割が履行されなければ、開発が進まない。特に、ユーザ企業が自らの役割を果たさず、プロダクトの方向性や内容までベンダ企業に委ねると、ユーザ企業にとって真に価値あるプロダクトができない。

8. ユーザの体制

チェックポイント	クリアできない場合のリスク
適切なプロダクトオーナーを選任し、権限委譲ができるか	必要な能力を有し、かつ十分な稼働時間（ステークホルダーや開発チームとの十分なコミュニケーションの時間を含む。）を確保できるプロダクトオーナーが選任され、組織から意思決定の権限を与えられていなければ、必要なバックログを作れず、プロジェクトが停滞したり、ステークホルダーにより意思決定が覆されて手戻りが生じるおそれがある[35]。 また、プロジェクトの途中でプロダクトオーナーが交代すると、プロダクトの方向性や、プロジェクトの進め方に大きな影響が生じるおそれがあるため、可能な限り交代は避けるべきである。
ユーザ企業としてプロダクトオーナーへの協力ができるか	いくらプロダクトオーナーが有能でも、ユーザ企業の関係者（ステークホルダーを含む）の協力がなければ、組織の意向をふまえた適切かつタイムリーな意思決定ができず、プロジェクトが停滞する。また、現場のニーズやプロダクトに対するフィードバックが十分に得られなければ、真に価値あるプロダクトができず、リリース後の修正依頼が多くなるおそれがある。

35　前掲注21　貝瀬ほか『スクラム実践入門』152頁以下。なお、同書153頁は、プロダクトオーナーの責任を果たすために必要な権限として次のものを挙げた上、ステークホルダーとプロダクトオーナーにこれらの決定権を分属させるのであれば、項目ごとにどちらが決定権を持つのかすり合わせを行い、ステークホルダーが決定権を持つ項目については、それを果たすために必要な範囲でステークホルダーにスクラムイベントに参加してもらうべきとする。
・リリース日を決める権限
・リリースに含まれる内容を決める権限
・プロダクトバックログの優先順位を決める権限
・開発を継続もしくは中止する権限
・自らの裁量でプロダクトに関わる時間をコントロールできる権限

9．ベンダの体制

チェックポイント	クリアできない場合のリスク
アジャイル開発の経験を有するスクラムマスターが選任できるか	スクラムマスターに十分な経験・実績がないと、スクラムが円滑に進まないおそれがある。また、スクラムマスターが、スクラムの方法論にこだわり過ぎて、プロジェクトの目的ではなくスクラムの実践それ自体が目的化してしまうと（「スクラム警察」、「スクラムの奴隷」と呼ばれる状態）、かえってスクラムチームの自律性が低下したり、プロダクトオーナーや開発チームの信用を失うおそれがある[36]。
必要な能力を有する開発チームを構成できるか	プロジェクトの特性に応じて必要な要員（業務要件の分析ができる者、インフラを担当できる者、画面デザインができる者、利用予定技術に精通した者、品質管理やテストに優れた者など）を配置できなければ、業務をスクラムチーム外に委託しなければならず、スプリントゴールの達成をスクラムチームだけで確約できなくなり[37]、スプリントのリズムに沿ったスムーズな開発が行えなくなる。
開発チームを固定できるか	アジャイル開発は少数精鋭で自律的に行われるため、開発メンバーの交代や増員が生じると、引継ぎやキャッチアップ、再度のチームビルディングに時間を要し、チームの活動自体が減速・停滞するおそれがある。

36　前掲注21　貝瀬ほか『スクラム実践入門』164頁
37　前掲注21　貝瀬ほか『スクラム実践入門』163頁

　ここでは「契約前チェックリスト」のチェックポイントを挙げたが、同チェックリストには、それぞれの項目の詳細やリスク、とるべき対応についても記載されているため、参考にされたい[38]。なお、このチェックリストは外部委託を想定したものであるが、多くの項目については、内製の場合にもあてはまるように思われる。

　また、チェックリストには記載がないが、アジャイル開発を成功させるにあたって、アジャイル開発に関わるスクラムチームのメンバーがそれぞれ十分な裁量をもち、創造性を発揮しながら開発を行えるような状態になっていることも重要である。アジャイル開発では、要求事項はプロダクトバックログにより整理されるが、そのプロダクトバックログに基づき具体的にどのようにプロダクトを作るかについては、開発者に委ねられており、開発者が当事者意識をもって、よりよいプロダクトや開発手法を志向しながら自律的に開発を進めることが想定されている。開発者が創造性を発揮しながら良い仕事をできる環境を提供することもアジャイル開発の狙いの一つであり、開発者の士気やモチベーションを高く維持することで、成功につながりやすくなる。

38　松尾剛行＝西村友海『紛争解決のためのシステム開発法務』（法律文化社、2022）496頁以下も参照

第2章

法務的観点から見た
アジャイル開発

本章では、弁護士や企業法務部等、法務の観点から見た
アジャイル開発の特徴について概観する。

第 1　アジャイル開発に関係する法律

　アジャイル開発であることを理由に特別に適用される法律はなく、関係する法律はウォーターフォール開発と変わらないといえる。内製の場合は労働関連法規、外部委託の場合は民法が基本となり、知的財産関連法規、個人情報保護法、下請法、独占禁止法、労働者派遣法（いわゆる偽装請負との関係）、税法（成果の資産計上との関係）などが関係することになる。

第 2　アジャイル開発の外部委託

1　開発のリソース

　アジャイル開発でプロダクト開発・改善を行う場合、ユーザのビジネス、プロダクトに対する理解度や、ユーザとのコミュニケーションのとりやすさの観点から、本来は、ユーザ企業内部の人員により構成されるスクラムチームで継続的に開発をすること（内製）が望ましい[1]。

　しかし、日本におけるシステム開発はこれまで主として外部ベンダへの業務委託（外部委託）により行われてきたため、内部に開発のためのエンジニアを抱えていないユーザ企業も多くある。また、完全に内製にしてしまうこと、すなわち、プロダクト開発のための人員を雇用することは、日常的に開発を行うわけではないユーザ企業にとっては負担が大きく、ユーザ企業のプロダクト開発に対するニーズの増減に応じた調整が利きにくい面もある。そのため、アジャイル開発が内製でなく外部委託により行われることも多い（なお、労働者派遣については 57 頁参照）。

2　外部委託におけるアジャイル開発の活用の形態

（1）プロジェクト型と継続開発型

　外部委託におけるアジャイル開発の活用の形態としては、大別すると、次

1　特に、一時的でなく継続的な開発ニーズがある場合は、一層これが当てはまる。

のように、(1) 明確な終期のあるプロジェクトを遂行するプロジェクト型と、(2) 明確な終期がなく、継続的に発生するユーザのニーズに応じて継続的に開発を行う継続開発型があるように思われる。

■プロジェクト型

　開発するプロダクトについてユーザが求める機能の全体像が概ねはっきりしており、全体の規模感と予算、想定される開発期間やリリース時期もだいたい決まっていて、明確な終期のあるプロジェクトで開発を行うようなパターン。

　個別の機能の具体的な内容や、使い勝手に影響する部分を決めるにあたり、ユーザ部門等の意見を聞きながら進めていく必要があったり、全体像は変わらないものの個別の機能レベルでの要求の変化があるといった理由から、アジャイル開発が用いられる。

(例：法務部で受け付けた相談事例を整理・分類して登録できるデータベースを作成し、過去の相談事例を検索して活用しやすくするサービスを開発する。相談事例を入力し、日時、担当者、相談種別、キーワード等で検索できる機能を作ることは確定しているが、具体的にどのようなインターフェイスにするか等は決まっておらず、法務部員等の意見も聞きながら開発を進め、〇年〇月までにリリースしてプロジェクトを終了する。)

■継続開発型

　一定の外部エンジニアを継続的に確保し、ユーザ部門等からの要求に応じてその時々で必要なサービス、機能を開発するようなパターン。最終的な成果物というものはなく、サービス運用（又は運用サポート）や保守も担いながら、継続的に開発や改善を続けていく。

　外部委託に際しては、専属的な対応を求めるケースのほか、顧問弁護士のように、毎月一定の費用を支払い、費用に対応した工数で、毎月一定規模の開発をしてもらうケース[2] などが考えられる。

(例：社内ポータルを継続的に開発していく。勤怠管理や経費精算の機能をま

ず作る予定であるが、その後は、ユーザの要望を聞いて逐次機能を追加し、継続的にリリースしていく。また、一旦作った機能についても、ユーザの意見を聞きながら継続的に使い勝手を改善していく。)

　アジャイル開発は、ユーザのニーズやフィードバックを得て、それに応じて迅速にプロダクトを開発・改善し、投入していくのに向いている。そのため、アジャイル開発のメリット（9頁参照）を全て生かせるのは、一旦開発してリリースしたプロダクトを、いわば終わりなく継続的に改善していくような、継続開発型であるといえる。継続開発型は、ウォーターフォール開発では代替することが難しい。

　他方、プロジェクト型は、一定の完成形が想定されており、終期があるものである。この場合でも、アジャイル開発を用いることで、実際に動くソフトウェアやサービスのデモをしてユーザの意見を聞きながら開発し、必要な機能を備えた使い勝手のよいものを提供することができる。ただ、事前に多くの要件を確定できるような場合などは、ウォーターフォール開発を用いた方がよい場合もあると思われ、特にプロジェクト型の場合は、いずれの開発手法が適切か、よく検討する必要がある。なお、必ず作ると決まっているコア機能部分についてはウォーターフォール開発で行い、追加機能部分についてはアジャイル開発で行うといった使い分けをすることも考えられる（ハイブリッド型）。また、プロジェクト型（あるいはウォーターフォール開発）で開発したプロダクトについて、（チームを縮小しつつも）継続開発型で機能追加・改善を行うことも考えられる。

（2）契約類型・開発予算との関係

　上記の分類は、外部委託の際の契約類型の選択や予算確保の仕方にも影響する。プロジェクト型の場合は、一定の開発期間で最終成果物を開発するこ

2　例えば、倉貫義人『「納品」をなくせばうまくいく』（日本実業出版社、2014）で紹介されている「納品のない受託開発」のビジネスモデル参照。

とが求められるため、（開発対象の確定度合いに応じて）請負にするか準委任にするかという問題が出てきやすい一方、継続開発型は基本的には準委任が用いられると考えられる。

　また、開発予算の確保に際しては、プロジェクト型の場合は、最終成果物に対応する予算として確保することが想定されるのに対し、継続開発型の場合は、必ずしもアウトプットに対応するものではなく、例えば保守契約等と同様の固定費として予算を確保することも想定される。

3　外部委託の際に検討すべきアジャイル開発の特徴

　法務的な観点からすると、アジャイル開発を外部委託で行うためには、契約や運用において、一般的なソフトウェア契約の開発とは異なる工夫や配慮が必要となる。具体的には、アジャイル開発の以下のような特徴をふまえた検討が求められる。

・開発当初はプロダクト全体の要件・仕様が決まっておらず、事後的な要件・仕様の決定や変更を前提とする点
・継続的に開発・改善をする点
・ユーザとベンダが緊密なコミュニケーションをとりながら協働する点

(1) 第1の特徴：開発当初はプロダクト全体の要件・仕様が決まっておらず、事後的な要件・仕様の決定や変更を前提とする点

ア　契約類型の選択

　開発当初はプロダクト全体の要件・仕様が決まっていないというアジャイル開発の特徴は、契約類型の選択に影響する。開発対象となるプロダクトの内容があらかじめ確定していれば、その完成を目的とする請負契約を選択しやすいが、開発対象が決まっておらず、かつ、当初開発予定の機能も事後的に変更され得るとすれば、やはり請負契約にはなじみにくい。どうしても請負契約とするのであれば、それなりの工夫を要することになる（53頁参照）。

イ　開発プロセスの取り決め

　次に、アジャイル開発を採用することにより、事後的な要件・仕様の変更

を柔軟に受け入れるとしても、そうした変更に係るルールを含む開発プロセスを取り決めておかなければ、開発対象が曖昧になり、トラブルが生じる（93頁【裁判例5】参照）。そのため、契約をするにあたっては、両当事者が想定する開発プロセスについて合意しておく必要がある。もっとも、アジャイル開発は個別のプロジェクトやチームの特性に合わせた開発プロセスの改善を志向するものであり、（例えばスクラムの基本的なフレームワークは動かさないとしても）プロジェクトの過程で開発の具体的な進め方や方法が見直され、変更され得る。また、開発の進め方を事前に取り決めていても、開発の状況によってはある程度そこから逸脱することを許容すべき場合もある。そのため、契約においてあまりに細かいところまで開発プロセスを固定して法的に拘束してしまうのは、かえってアジャイル開発の柔軟さを失わせることになる。そこで、開発プロセスのうち、どこまでを法的拘束力のある契約において規定し、どこからを契約外の文書で取り決めるべきかが問題となる。

　　ウ　ドキュメント作成の範囲・タイミング

　アジャイル開発において事後的な要件・仕様の変更が発生するということは、開発途中の段階で個別の機能に関する詳細なドキュメントを作成したとしても、すぐに陳腐化してしまうことを意味する。そこで、アジャイル開発では、ドキュメント作成よりも、短期間での動くソフトウェアの開発に注力することになる。もっとも、アジャイル開発においても、情報共有や認識合わせ、あるいは移管やメンテナンス等のために必要があれば、ドキュメントは作成される。外部委託を行うにあたっては、どのようなドキュメントをいつ作成すべきかが問題となる。

（2）第2の特徴：継続的に開発・改善をする点

　　ア　検査・検収の在り方・手続

　アジャイル開発の第2の特徴は、開発したものに対してさらに機能を追加したり、一旦開発した機能についても内部構造を整理して保守性を高めるために作り直す（リファクタリング）など、継続的な改修・改善が行われることである。契約のスコープ（開発対象、期間）をどうするか、開発された機

能やプロダクトに対する検査・検収（完成確認）をいつどのように行うか等が問題となる。

　イ　下請法が適用される場合の対応

　ユーザからベンダに対する外部委託が下請法（下請代金支払遅延等防止法）の適用対象となる場合には、契約に関連して、発注時の書面交付義務（同法3条）と発注後の書類保存義務（同法5条）を履行する必要があるほか、特にベンダの継続的な役務提供に対応する委託料金の支払時期について、役務提供日から60日以内になるよう設定する必要がある（同法2条の2第1項）。また、ベンダが開発したプロダクトについて、ベンダに帰責性がないのに、対価の支払なく機能追加、改修、リファクタリング等の追加作業を求めることは、下請法上禁止される不当なやり直しの要請となるおそれがある（同法4条2項4号）。

(3) 第3の特徴：ユーザとベンダが緊密なコミュニケーションをとりながら協働する点

　ア　偽装請負への対応

　アジャイル開発の第3の特徴は、ユーザとベンダが緊密なコミュニケーションをとりながら共働して開発を行う点である。発注者であるユーザから、受注者であるベンダの労働者に直接の指揮命令が生じていると評価されれば、いわゆる偽装請負（派遣法違反）となり得るため、契約や運用でそのような疑義が生じないよう配慮する必要がある。

　イ　プロジェクトマネジメント義務、協力義務

　また、ウォーターフォール開発でよく問題となる、ベンダのプロジェクトマネジメント義務と、ユーザの協力義務については、アジャイル開発でも同様に問題となるため、検討を要する。

　これらの問題については、次章以降で解説する。

特　　徴	検討を要する点
開発当初はプロダクト全体の要件・仕様が決まっておらず、事後的な決定や変更を前提とする点	・契約類型の選択（第 3 章第 2 の 1、2） ・アジャイル開発プロセスの契約上の規定の仕方（第 5 章第 1 の 2（2）及び第 3 の 2） ・ドキュメント作成の範囲・タイミング（第 3 章第 2 の 4）
継続的に開発・改善をする点	・プロダクトの検査・検収（第 3 章第 2 の 3）、下請法（第 3 章第 2 の 7）
ユーザとベンダが緊密なコミュニケーションをとりながら協働する点	・偽装請負（第 4 章） ・プロジェクトマネジメント義務、協力義務（第 3 章第 2 の 6）

第 3 章

アジャイル開発と契約

　本章では、ソフトウェア開発の外部委託においてアジャイル開発を用いる場合の契約の問題について取り上げる。IPA 等が公表しているモデル契約について紹介するほか、外部委託契約において検討すべき点について解説する。また、アジャイル開発に関するいくつかの裁判例を紹介する。

第 1　公表されているモデル契約

1　これまでに公表されている IPA のモデル契約

　アジャイル開発の外部委託契約に用いるためのモデル契約として、これまでに IPA（2020 年のものは経済産業省と連名）から以下のものが公表されている。

・2011 年 3 月公表（2012 年 3 月改訂[1]）IPA　非ウォーターフォール型開発モデル契約書案[2]

　― 基本/個別契約モデル

　― 組合モデル

・2020 年 3 月公表　IPA＝経済産業省「情報システム・モデル取引・契約書〈アジャイル開発版〉アジャイル開発外部委託モデル契約」[3]

2　IPA 非ウォーターフォール型開発モデル契約書案

　2011 年 3 月に IPA から公表されたモデル契約は、当時、アジャイル開発に適した契約の在り方が明確でないことが、アジャイル開発の普及の障害になっているとの問題意識のもと、IPA に設置された「非ウォーターフォール型開発 WG　契約問題 PT」（リーダ：前川徹教授）において作成されたものである。

（1）基本契約/個別契約モデル

　基本契約/個別契約モデルは、契約全体に共通する要素を含む基本契約を締結したのち、具体的な業務委託を個別契約で行うものである。

　個別契約としては、準委任と請負、両方の形式が用意されている。2010

1　改訂ではないが、2020 年 3 月に部分的な誤記修正と記述明確化がなされている。
2　IPA「非ウォーターフォール型開発に適したモデル契約書の改訂版を公開」
　https://www.ipa.go.jp/sec/softwareengineering/reports/20120326.html
3　IPA「アジャイル開発版『情報システム・モデル取引・契約書』〜ユーザ／ベンダ間の緊密な協働によるシステム開発で、DX を推進〜」
　https://www.ipa.go.jp/ikc/reports/20200331_1.html

年に公表された IPA「非ウォーターフォール型開発に関する調査 報告書」
167 頁[4] によると、(サンプル数は少ないものの) 収集したアジャイル開発外部
委託事例における請負契約と準委任契約の件数が同数程度であり、また、モ
デル契約検討の過程において、請負契約のオプションも設けるべきとの考え
方も根強くあったことから、請負契約も選択できることとされた (この点
は、後述する 2020 年 3 月公表の IPA モデル契約と異なる。)。そして、個別契約
の対象範囲は、準委任であれば一定の期間、請負であればその時点で開発す
ることが明確になっている一定の機能群とすることが想定されている。

　このモデル契約のメリットとして、準委任と請負を柔軟に使い分けること
ができる点が挙げられる。例えば、当初は準委任型の個別契約でプロダクト
バックログの作成や開発を進め、両当事者が開発に慣れて、開発チームの生
産性も安定してきたタイミング (見積もりの精度が高まったタイミング) で請
負型の個別契約に切り替える、要件が固まっているコア部分のみ請負型を用い
て、それ以外の部分は準委任型を用いるといった使い方が考えられる。

　他方、デメリットとして、発注側にとっては、どのタイミングでどのス
コープの契約を結ぶべきか、(特にプロダクトの方向性や、開発チームの生産性
が明確になっていない段階では) 判断が難しく、契約期間を短くしたりスコー
プを狭くしたりするインセンティブが生じ得ること、その場合には、個別契
約の数が多くなり、契約作成・審査を含めた事務負担が増えることが挙げら
れる。また、個別契約と個別契約の間に、時間が空くことも考えられるとこ
ろ、アジャイル開発は可能な限り同じチームで行うことが推奨されるため、
受注側としては、そのような空白期間もコストをかけて体制を維持しなけれ
ばならないおそれがある。その他、固定金額での完成義務や契約不適合責任
による品質保証に期待して、請負型を用いて個別の機能を開発したとして
も、アジャイル開発の場合、後続する個別契約に基づき、一旦開発した機能
にも事後的に手を入れることが多いため、期待したようなメリットが得られ

4　IPA「非ウォーターフォール型開発に関する調査結果公開」
　　https://www.ipa.go.jp/sec/softwareengineering/reports/20100330a.html

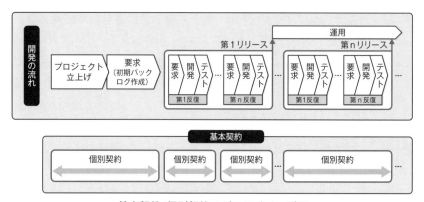

基本契約/個別契約モデルのイメージ図

IPA「アジャイル開発向け　モデル契約案について」(2012 年)[5]　11 頁の図をもとに一部変更

ないおそれもある。具体的には、後から開発される機能の影響で改修を余儀なくされる場合や、事後的に要求が変わることで変更が必要となる場合、完成後にリファクタリングを行いソースコードの構造を変更した結果従前の契約不適合責任が及ばなくなる場合、一連の機能を結合したプロダクトに対して行ったテストで問題が生じ改修を要する場合などが考えられる。

　なお、このモデル契約では、基本契約において、特に開発方式やアジャイル開発の具体的なプロセスは定められていない。そのため、例えばスクラムを用いるのであれば、個別契約の別紙の作業体制や具体的作業内容において、スクラムに応じた役割分担や作業を規定しなければならない。また、両当事者間の協議の場として「連絡協議会」が設けられており（基本契約 6 条）、開発する機能の内容決定や進捗管理等を行うこととなっているほか、一旦取り決めた開発対象機能の変更等も、基本契約 4 条（変更管理）に従いこの連絡協議会で行うこととされている。このような連絡協議会を通じた開発対象の決定・変更は、本来のスクラムのプロセスとは異なるため、注意が必要である。

5　IPA「アジャイル開発向け　モデル契約案について」(2012 年)
　　https://www.ipa.go.jp/files/000005404.pdf

(2) 組合モデル

　組合モデルは、ユーザとベンダが共同でプロダクトを企画、製作するための任意組合（民法上の組合）を作り、ユーザは資金を、ベンダは労務（開発から運用までのプロジェクトマネジメント業務に対応する労務）をそれぞれ提供して開発を行い、開発成果から得られる利益を分配するというモデルである。建設業界において複数の企業が共同で工事を受注し施工するための組織（共同企業体）や、映画を制作する際に組成される製作委員会のようなジョイントベンチャーを参考に作られている。

　組合モデルは、この種の契約として比較的順当な内容である基本/個別契約モデルと違い、ユーザとベンダの緊密な協働や、目的・利益の共有を直接的に契約に反映した、インパクトのあるモデルといえる。

　もっとも、このモデルは基本的には収益が見込めるプロダクトを開発して、そこから得られる利益を分配する想定であるため、これにあてはまるよ

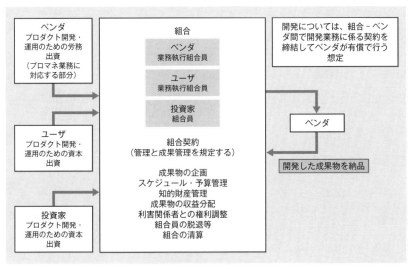

組合モデルのイメージ図

IPA「アジャイル開発向け　モデル契約案について」（2012 年）20 頁の図をもとに一部変更

うなプロダクトの企画が必要であり、実際に適用できるケースはかなり限られている。また、プロダクトの開発については、シンプルに、組合員であるベンダ自身が労務出資として開発業務を行うことも考えられるが、この契約では、ユーザや投資家が出資した資金を使って、ベンダへの有償の外部委託により開発を行うこととしている（その結果、法律関係がやや複雑なものになっている。なお、組合員であるベンダ企業は労務出資の対象であるプロジェクトマネジメント業務に専念し、開発は組合員でない第三者ベンダに委託することももちろん可能である。）。

　試案的な内容であるため、このモデル契約が実際に使用された例はほとんどないと思われるが、さらなる工夫や改善により、こうした方向性をさらに発展させることで、より使いやすく洗練されたプロフィットシェア型のモデル契約ができる可能性もあると思われる[6]。

　なお、これら 2011 年 3 月公表のモデル契約については、経済産業省が2018 年 9 月に公表した「DX レポート　～IT システム『2025 年の崖』克服とDX の本格的な展開～」において、内製や技術研究組合を用いる場合とともに、次の表で特徴比較がなされている[7]。モデル契約の基本/個別契約モデルは②基本/個別契約に、組合モデルは③ジョイントベンチャーにそれぞれ対応している。比較にある技術研究組合（Collaborative Innovation Partnership、CIP）は、技術研究組合法に基づき設立される非営利共益法人であり、各組合員が、研究者、研究費、設備等を出し合って共同研究を行い、その成果を共同で管理して、組合員相互で活用することを想定したものである。設立に

6　レベニューシェアではないが、株式会社永和システムマネジメントの「価値創造契約」は、ベンダがシステム構築を無料で行い、ユーザ企業はシステムのリリース後に毎月サービス利用料をベンダに支払う（リリース後も機能追加が行われる）という、興味深い契約モデルである。
　永和システムマネジメント　アジャイル事業部「価値創造契約」
　https://agile.esm.co.jp/services/value_creating_contract/index.html
7　経済産業省ウェブサイト「DX レポート　～IT システム『2025 年の崖』克服と DX の本格的な展開～」
　https://www.meti.go.jp/shingikai/mono_info_service/digital_transformation/20180907_report.html

【参考】アジャイル開発における主な契約モデルの特徴

	①内製	②基本／個別契約	③ジョイントベンチャー	④技術研究組合
概要	・ユーザが自社内で開発プロセスを実施	・全体の基本契約を結び、単位（機能・リリース）ごとに個別契約を締結して実施	・共同でジョイント・ベンチャーを組成し、協力してシステム開発を実施	・ユーザ、ベンダーが組合員として参画 ・試験研究を協同して行うことを主な目的とする
契約・法律形態	・自社内のエンジニアで対応	・基本契約＆個別契約（請負／準委任） ■請負契約　成果物と代金をあらかじめ定める必要がある ■準委任契約　受注側に完成物責任がない（善管注意義務あり）	・民法667条1項	・技術研究組合法
メリット	・コミュニケーションが円滑 ・ビジネスニーズに迅速に対応可能	・請負／準委任のデメリットを極小化	・国の認可が不要 ・ユーザとベンダーが運命共同体となる	・組合員は有限責任 ・税制上の優遇措置 ・ユーザとベンダーが運命共同体となる
デメリット	・自社エンジニアの能力以上の対応や、最新技術のキャッチアップが困難	・契約が複雑 ・個別契約における責任問題が解消されない	・民法上の組合のため、組合員は無限責任 ・収益分配や責任関係の在り方が未確立	・国の認可が必要 ・ベンダーが売り上げを計上できない
論点・課題	・IT人材がベンダーに偏重 ・ユーザで人材確保が困難 ・能力に応じた給与形態	・保守、運用フェーズでの適用性	・アジャイル開発における事例の確立 ・ベンダー側におけるメリットの見出し	・アジャイル開発における事例の確立 ・ベンダー側におけるメリットの見出し

ベンダーによる価値提供としては、以下のようなパターンも考えられる。
▶コンサルティング契約：ユーザ側の活動に参画し、アジャイル開発に関するスキル向上を教え込むことを目的としたコンサルの提供
▶サービス利用契約：アジャイル開発への従事時間ではなく、成果物（プロダクト）やそれを利用したサービスによる価値提供

経済産業省「DX レポート　〜IT システム「2025 年の崖」の克服と DX の本格的な展開〜」46 頁より

は主務大臣の認可を要し、事業年度ごとに主務大臣に事業計画及び収支予算を届け出る必要があるが、税制上の優遇措置があるほか、共同研究終了後に組織変更又は分割により通常の事業会社に移行することもできる。

3　IPA＝経済産業省　アジャイル開発外部委託モデル契約（2020 年 3 月公表）

　2020 年 3 月に IPA と経済産業省の連名で公表された新たなモデル契約は、上記の DX レポート[8]を一つの契機として作成されたものである。

　DX とは、デジタル・トランスフォーメーション（将来の成長、競争力強化のために、新たなデジタル技術を活用して新たなビジネスモデルを創出・柔軟に改変すること[9]）を意味するが、DX レポートにおいては、企業が DX を実行

するにあたって、要求仕様が不明確な状態で小刻みな開発を繰り返すことで
具体化するような案件には、アジャイル開発が適している場合があるとされ
ている。しかし、日本におけるソフトウェア開発では、要件定義から一括の
請負契約を締結し、何を開発するかまでベンダに丸投げすることが少なく
く、このような状態のままでは、アジャイル開発のようにユーザのコミット
メントを強く求める開発方法を推進しようとしても無理があること（特に、
ユーザのアジャイル開発に対する理解が低い場合、ユーザとベンダとの間の協調
が生まれにくく、どのような機能が必要になるかということまでベンダに任せれ
ばよいと誤解したり、仕様が明確でないにもかかわらず期間内に成果物が完成し
ない等によりユーザとベンダの間でトラブルになるおそれがあること）から、同
レポートは、ユーザ、ベンダ双方がアジャイル開発に対する理解を十分に共
有することが重要であると指摘している。その上で、従来のモデル契約
（2011 年 4 月公表のモデル契約）について、以下のような点についての見直し
を検討することが提案している[10]。

・スクラムチーム内のプロダクトオーナー・スクラムマスター等の構成員
　の権限・責任の明確化

・バックログの組み方やイテレーションの回し方の明確化

・プロダクトオーナーが役割を全うしない場合の対応方法の明確化

8　DX レポートの内容は、日本企業の既存システムが、事業部門ごとに構築されており、全社横断的なデータ活用ができず、過剰なカスタマイズがなされているなど、複雑化・老朽化・ブラックボックス化していることを挙げ、このような既存システムが残存した場合、2025 年までに予想される IT 人材の引退やサポート終了等によるリスクの高まり等に伴う経済損失は、2025 年以降、最大 12 兆円／年（現在の約 3 倍）にのぼる可能性があるとして警鐘を鳴らすものである。

9　前掲注 7　DX レポート 16 頁。なお、同レポートでは、IT 専門調査会社の IDC Japan 株式会社による DX の定義「企業が外部エコシステム（顧客、市場）の破壊的な変化に対応しつつ、内部エコシステム（組織、文化、従業員）の変革を牽引しながら、第 3 のプラットフォーム（クラウド、モビリティ、ビッグデータ／アナリティクス、ソーシャル技術）を利用して、新しい製品やサービス、新しいビジネス・モデルを通して、ネットとリアルの両面での顧客エクスペリエンスの変革を図ることで価値を創出し、競争上の優位性を確立すること」を参照している（同レポート 3 頁）。

　IPA では、こうした DX レポートの指摘と提案もふまえ、2019 年 5 月に
「モデル取引・契約書見直し検討部会」（主査：平野高志弁護士）及び「DX 対
応モデル契約見直し検討 WG」（主査：高岡詠子教授）を設置して、アジャイ
ル開発を外部委託する際のモデル契約について新たに検討を行い、「情報シ
ステム・モデル取引・契約書〈アジャイル開発版〉　アジャイル開発外部委
託モデル契約」を取りまとめた。

　この IPA モデル契約の特徴として、以下の点が挙げられる。
・準委任契約が前提となっていること
・アジャイル開発に関する理解を共有することを重視した資料構成になっ
　ていること
・アジャイル開発の要となるプロダクトオーナーを始め、スクラムにおけ
　る役割分担（ロール）とプロセスを明確化したこと

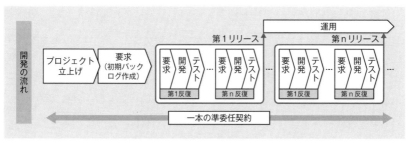

2020 年版 IPA モデル契約のイメージ図

10　前掲注 7　DX レポート 43～44 頁。なお、DX レポートにおいては、他にも、ユーザ
　　とベンダがパートナーとしての関係に立ち、プロフィットシェアがなされるような規
　　定（より良いシステムを構築しようとするインセンティブが働くようなもの）や、紛
　　争発生時には、ソフトウェア紛争解決センターが提供する裁判外紛争解決（ADR）を
　　活用することについて、モデル契約に盛り込むこと等が提案されている（44～46
　　頁）。2020 年版 IPA モデル契約では、前者については別紙の解説における成果報酬型
　　準委任の紹介により、後者についてはモデル契約 25 条により、それぞれこれらの提案
　　を反映している。

　最初の点（準委任契約が前提となっていること）については、請負にも一定のニーズがあることは理解しつつも、やはりアジャイル開発にはなじまないこと、どうしても丸投げ的な発想になりがちであることから、（特にユーザの）マインドセットの転換を促す意味も込めて準委任に一本化された。

　但し、もちろん請負によるアジャイル開発が全て否定されるわけではなく、例えば本章第2の2で紹介するような工夫を施すなどして、請負で行うことも可能と考えられる。

　二つ目の点（アジャイル開発に関する理解を共有することを重視した資料構成になっていること）については、DX レポートが指摘した、（特にユーザ側の）アジャイルに関する理解不足の問題に対応するものであり、モデル契約（及びその解説）のみならず、以下のような付属文書が合わせて提供されている。

● 「DX 対応モデル契約見直し検討 WG からのメッセージ」[11] を提供し、アジャイル開発を行うためには、契約の前にアジャイル開発に関する理解を深め、開発対象がアジャイル開発に向いたものか確認した上、両当事者の役割や負担をあらかじめ明確に認識しておくことが重要であること等を伝えている。

● 「契約前チェックリスト」を提供し、契約締結に先立って、プロジェクトの目的・ゴールやプロダクトのビジョンが明確になっているか、プロジェクトの関係者がアジャイル開発の価値観や、本版が前提とするスクラムという開発手法のプロセスを理解しているか、開発対象がアジャイル開発に適しているか、初期計画や体制が十分か等について両当事者がチェックを行い、不足があれば対応を促すようにしている。

11　IPA「契約の前に、アジャイル開発に対する理解を深める　〜DX 対応モデル契約見直し検討 WG からのメッセージ〜」https://www.ipa.go.jp/files/000081483.pdf

●「アジャイル開発進め方の指針」を提供し、IPA モデル契約では、（バックログの作成・管理等、アジャイル開発のプロセスの核心部分は契約本体に記載しつつも）開発プロセスの詳細については、この指針において取り決めることとしている。この指針について（必要に応じて修正や差替えを行った上）合意することで、ユーザとベンダが、開発プロセスについて共通認識を形成・維持できるようにしている。

4　その他のモデル契約 ― LIP モデル契約[12]

IPA 以外では、情報処理学会「情報処理に関する法的問題」（Legal issues concerning Information Processing、LIP）研究グループがアジャイル開発のソフトウェアモデル契約を公表している。同グループは、研究者、弁護士、IT実務家により構成されており、2015 年からアジャイル開発のモデル契約に関する検討を行っている。2018 年 3 月の情報処理学会第 80 回全国大会において、「アジャイル開発の事例に則した契約の一例提案」として契約例を発表したが、その後も検討を継続し、2020 年 6 月に準委任契約をベースとするモデル契約を発表した（なお、2022 年 3 月に部分改訂されている。）。

IPA2020 年モデル契約と比較した場合の特徴としては、
・スクラムのプロセスが比較的詳しく記載されていること
・スクラムにおける役割（ロール）の定め方に特徴がある（契約当事者と紐付けられていない）こと
・問題が生じた際の解除の要件が厳しく設定されていること
といった点が挙げられる[13]。

特に、スクラムのプロセスについては、一般的な実務に即した内容が、的確に契約上の文言として取り込まれているため、契約書を読むだけでスクラムの流れが理解できるようになっている。モデル契約によらず、自社でア

12　情報処理学会「情報処理に関する法的問題」研究グループウェブサイト
　　http://www.ipsj.or.jp/sig/lip/
13　LIP モデル契約の特徴については、市毛由美子＝濱中利奈「進化するソフトウェア開発、契約はどう変化していくのか」情報の科学と技術 70 巻 11 号 540〜545 頁参照

ジャイル開発契約の雛形を作成する際にも大いに参考になる内容と思われる。

第 2　アジャイル開発の外部委託契約において検討すべき問題

第 2 章第 2 の 3 で述べたとおり、アジャイル開発の外部委託契約を締結するにあたっては、アジャイル開発の特徴に応じて検討をすべき点がある。以下、これらについて解説する（一部は第 4 章及び第 5 章でとりあげる。）。

特　徴	検討を要する点
開発当初はプロダクト全体の要件・仕様が決まっておらず、事後的な決定や変更を前提とする点	・契約類型の選択（本節 1、2） ・アジャイル開発プロセスの契約上の規定の仕方（第 5 章第 1 の 2（2）及び第 3 の 2） ・ドキュメント作成の範囲・タイミング（本節 4）
継続的に開発・改善をする点	・プロダクトの検査・検収 ・下請法（本節 7）
ユーザとベンダが緊密なコミュニケーションをとりながら協働する点	・偽装請負（第 4 章） ・プロジェクトマネジメント義務・協力義務（本節 6）

1　契約類型の選択

（1）請負契約と準委任契約

近時におけるアジャイル開発の外部委託契約では、準委任契約が用いられることが多い。アジャイル開発では、契約後の開発プロセスの中で、開発する機能の追加・変更や、その優先順位の変更が生じるため、あらかじめ内容が特定された成果物を予定したとおりに完成させることを義務付ける請負契約より、専門家としての注意義務を果たしながら業務を遂行することを義務付ける準委任契約の方が、アジャイル開発契約にはなじみやすいといえる[14]。

また、アジャイル開発の強みは、ユーザが現時点で必要としている価値を優先し、実現するために、開発する機能をタイムリーに追加・変更できるこ

14　IPA モデル契約解説 8 頁

とにある。その過程で、コストをかけたものの結果的に見れば無駄になる作業も生じる（例えば、ある機能を部分的に開発したものの、途中でニーズが変わって不要となった場合や、一旦開発したものの、ニーズを読み違えていたためユーザのフィードバックを受けて大幅に変更することになった場合など）。請負契約は特定の成果物の完成に対して対価を支払うものであり、対価は契約時に固定するのが一般的であるが、特に一括請負で対価を固定した場合、ベンダにとっては、ユーザの意向に沿った追加・変更が、コストオーバーをもたらすリスク要因となってしまう。結果として、ベンダとしては、ユーザの意向を聞かないで、契約時に想定したものを粛々と開発する方がよいということになり、追加・変更を抑制しようとするインセンティブが生じてしまう（また、ベンダが対価を見積もるにあたって、開発途中での機能の追加・変更や、それにより「無駄」となる作業を吸収するためのバッファを考慮して、高めの見積もりを出さざるを得なくなる[15]。）。

　対価を固定することは、ユーザにとっては、一定のコストで成果物の完成が約束される（かつ成果物の内容は柔軟に変更できる）というメリットがあるように見えるが、両当事者間の利害対立を招き、上記のアジャイル開発の強みが減殺され、ユーザが真に必要としている価値が得られない結果につながるおそれがある[16]。

　そのため、アジャイル開発の外部委託に際して、対価を固定する請負（特に開発全体の一括請負）は避けるべきといえる[17]。もし請負契約を用いるのであれば、後述するとおり、開発することが確定している範囲にスコープを限

15　実用最小限のプロダクト（MVP：Minimum Viable Product）について対価固定で完成保証を行う契約に関する議論がまとめられた、IPA「アジャイル開発版モデル契約のバリエーションに関する議論について」（https://www.ipa.go.jp/files/000096627.pdf）では、MVP部分の見積もりに関し、こうした意見が出されている。また、もともとアジャイル開発は、少数精鋭で行われることが想定されているが、少人数・短期間でソフトウェアを開発できる優秀なエンジニアは一般的には単価が高いため、ベンダとしては、固定価格でコストオーバーとなるリスクがあるプロジェクトに優秀な人材を出すことを避けるおそれもある。
16　IPAモデル契約解説8頁

定して締結するなど、工夫することが望ましい。

(2) 非典型契約と考えるべきとの立場

アジャイル開発の外部委託契約については、請負契約か準委任契約かの二者択一ではなく、実態に照らして請負など複数の要素を含む非典型契約と捉えるべきとの見解もある[18]。

確かにアジャイル開発の実態を可能な限り契約に反映するにあたり、非典型契約として構成することも考えられるが、その場合であっても、請負か準委任のいずれかをベースとしつつ、それら典型契約に対する修正となる箇所を明示的に規定する形式で構成するのがよいと思われる。もしいずれの典型契約にも依拠しない場合、デフォルトルールのセットである民法の典型契約の枠組みに頼らずに契約条件を設定することになり、ルールに漏れがないよう契約条項を詳細に書き込む必要が生じることになる。また、そのようにしたとしても、いざ紛争になった場合には、裁判所が当該契約をどのような性質のものと捉え、どう解釈するか、典型契約に依拠した場合と比べて予測しにくくなることが懸念される[19]。

もちろん、請負と準委任の二者択一は絶対ではない。今後、アジャイル開発の特徴を的確に反映した非典型契約が作られ、広く使われるようになる可能性も少なからずある。

---

17 事前に開発対象の全体像が明らかになっており、精度の高い見積もりができるときであれば、一括請負でも問題は小さいかもしれないが、そのような場合は、むしろアジャイル開発ではなく、ウォーターフォール開発が向いている場合が多いのではないかと思われる。前掲 IPA「アジャイル開発版モデル契約のバリエーションに関する議論について」では、「MVP の要件が明確に定義できるのであれば、ウォーターフォール開発で MVP 部分を請負契約によって開発することが近道であり、あえてアジャイル開発を選択する意味は少ないのではないか」といった意見が出されている。

18 上山浩＝田島明音「アジャイル型開発と偽装請負」NBL 1196 号 55 頁注 9 参照

19 契約書において特定の契約類型を宣言していたとしても、裁判所が実態に照らしてそれとは異なる評価をすることはある（上山浩＝若松牧「準委任契約の誤解を解きほぐす―システム開発契約を題材に―」知財管理 70 巻 5 号 633 頁）。しかし、少なくとも契約書に明記された契約類型は、裁判所による契約解釈の際に、当事者の意思を示す重要な手がかりとなるため、解釈を誘導する意味はある。

　もっとも、ソフトウェア開発の外部委託において、アジャイル開発をより広く活用していくためには、現時点で（特にユーザに）根強く存在する、一括請負を基本とする考え方[20] を転換してもらう必要があり、そのためには、ひとまずは準委任契約という典型契約を前提とする契約を示した方が、ユーザにとってより理解しやすく、受け入れてもらいやすいのではないかと思われる。

2　アジャイル開発を請負で行うための方策

　アジャイル開発の外部委託契約については、上記のとおり、準委任がなじみやすいが、実際には、外部委託のための契約は請負でなければ受け付けられないとするユーザも存在する。

　ベンダとしては、そのようなユーザに対して、上記のような請負契約とアジャイル開発の相性の悪さを説明するなどして準委任契約を採用してもらえるよう説得をすることになるが、どうしても請負契約を締結する必要がある場合は、次のような方策が考えられる。

【考えられる方策】

①　成果が具体的に固定できる段階になった時点で請負契約を締結するパターン
②　コア部分やMVP（実用最小限のプロダクト）部分のみ請負とするパターン
③　その他の方策

（1）成果が具体的に固定できる段階になった時点で請負契約を締結するパターン

　これは、プロダクトバックログのうち、開発することが確実となった部分についてのみ、請負で個別契約を締結するようなパターンである。2011年版IPAモデル契約の基本／個別契約モデルの請負型では、このようなパ

20　ユーザ企業が事業計画を策定するにあたって、設備投資予算を早期に確定し、事後の変動による追加支出等を避けたいという意向によるものと思われる。

ターンを想定している。

　しかし、都度個別契約を締結するこのパターンでは、どうしても個別契約の数が多くなり、両当事者の契約作成・審査等の事務処理上の手間が増えてしまうおそれがある。また、受注するベンダ側としては、個別契約を締結しなければ報酬が得られない建付の場合、ユーザが開発対象を決めてくれず、個別契約が締結されない間も、ベンダがコストを負担して体制を維持しなければならないおそれもある（41 頁参照）。

（2）コア部分や MVP 部分のみ請負とするパターン

　契約締結段階で開発することが確定しているコア部分や MVP 部分（上記（1）と異なり、それだけでリリースできるようなまとまったプロダクトを想定）については請負の対象とし、それ以外の追加機能部分については完成義務のないオプション部分と位置付け、まずはコア部分、MVP 部分を開発した後、残った時間とコストで可能な限りオプション部分の追加機能開発を行うというものである[21]。

　このような契約とするには、まずコア部分や MVP 部分について、精度の高い見積もりが出せる程度に内容を固める必要がある。そのため、最初に検証や要件定義を行うフェーズを別契約で行い、そのアウトプットをもとに見積もりと開発契約を締結することになると考えられる。

　もっとも、コア部分、MVP 部分の開発をアジャイル開発で行う以上、実際に動く機能をユーザに見せた段階での変更要求や、細かい機能レベルでのバックログの入替え等により、実際の開発期間やコストが見積もりを超える場合も生じ得る。そのため、大きな変更要求があった場合には、報酬の追加や開発期間の延長ができるようにしておくべきだろう。

21　IPA モデル契約解説 60〜61 頁の【工夫 6】では、要件を必須機能とオプション機能に分類し、それぞれ費用を割り当てる方法が紹介されている。この方法は、必須機能部分は必ず開発することとし、もし開発期間中に、要件の追加変更に応じて必須機能が増えた場合は、オプション機能を減らすことで、全体にかかる費用は変わらないようにするものである。

十分な事前検証や要件定義により、要求事項の変更が生じるおそれが低いということであれば、コア部分、MVP 部分の開発は、アジャイル開発よりもウォーターフォール開発の方が適している可能性もある。この場合、コア部分、MVP 部分はウォーターフォール開発、それ以外の追加開発部分はアジャイル開発として、部分により開発手法を分けることも可能ではある[22]。

なお、IPA は、2022 年 3 月に「アジャイル開発版モデル契約のバリエーションに関する議論について」という文書を公表している。これは、MVP 部分保証についての提案と、それに対する関係者の意見をまとめたものであり、アジャイル開発の外部委託契約の在り方を考えるにあたって、有益な意見が多い[23]。この文書では、請負による成果物の完成保証のニーズへの対応として、①ウォーターフォール開発に用いられる多段階契約や複合契約（要件定義（準委任）＋MVP 部分（請負）＋アジャイル開発部分（準委任））をアレンジしてアジャイル手法を部分的に取り入れるアプローチや、②成果報酬型準委任契約を用いる方法、また、③（完成保証ではないものの、ベンダによる適切な業務遂行を担保する方策として）現在の IPA モデル契約のスキームを維持しつつ、ベンダの義務内容を契約別紙に詳細に記述してユーザが善管注意義務違反を追及しやすくしたり、成果報酬を設定してベンダのインセンティブを高めたりする方策が意見として紹介されている。

(3) その他の方策

内閣官房 IT 総合戦略室が 2021 年 3 月に公表した「デジタル・ガバメント推進標準ガイドライン 実践ガイドブック」第 3 編第 6 章　調達の 17 頁以下では、「参考：アジャイル開発を行う場合の契約方式」として、政府調達でアジャイル開発を行う場合における、請負契約と準委任契約のメリット・デ

22　もっとも、これらの開発を別々のチームが担当する場合、チーム間の引継ぎやプロダクト全体の統合等に手間と時間がかかると思われる。

23　前掲注 15　IPA「アジャイル開発版モデル契約のバリエーションに関する議論について」（2022 年 3 月）。なお、同文書が検討の対象とした MVP 完成保証付契約案については、現時点において IPA による作成・公表は行われていない。

メリット及び留意点が列挙されている。

請負契約に関する留意点では、(a)「開発対象のプロダクト全体を成果物とするのではなく、要件定義やプロトタイプの製作などについては別契約（準委任契約）で実施した上で、要件変更の可能性を極小化した部分について採用する」という方策、(b)「成果物については、双方協議の上、工数を変えない範囲で要件、機能等を変更可能であることなどを契約書に記す」方策が挙げられており、また、民間において行われている契約の例として、(c)「受注者に対して一定のスキル・知識・経験を持った要員が約束された工数分作業することを求める一方で、部分的に成果物の完成責任も求めるような、請負型と準委任型の性質を併せ持つ契約」が紹介されている。

上記のうち (a) は、事前になるべく成果物の内容を確定し、要件変更を極小化してから請負契約を締結するというものであり、上記 (2) と同様の方策と考えられる。

(b) は、工数を変えない範囲で要件、機能等の変更を許すものである。例えば、新たな機能を追加したい場合は、同等の工数を要する機能の開発をとりやめるということになる。アジャイル開発の柔軟性を制限してしまうものであるが、どうしても請負契約をしなければならない場合の妥協案としては採用し得ると思われる。また、（政府調達の場合は予算の増額は難しいと思われるが）民間の契約で予算の増額が可能な場合は、要件、機能等の変更で工数が増える場合には追加で報酬が発生するというアレンジにすることも考えられる。

(c) は、一定工数の稼働を約束する準委任的な契約をベースに、一部成果物について請負的な完成義務を負わせるタイプの非典型契約のようである。業務・成果のうち、完成責任のある部分とない部分を明確に区別した上、それぞれに適用される規律を明確にする必要があると考えられる。

ユーザが準委任契約に難色を示して請負契約にこだわる場合、ベンダとして対案を出すのであれば、ユーザが請負契約を望む理由、開発するプロダクトの性質、予定している期間や開発体制等を考慮して対案を検討することに

なる。ユーザが請負契約を望む具体的理由が、ベンダの完成義務にあるのであれば、上記で紹介したような方策が参考となる。他方、例えば開発成果についての契約不適合責任（不具合対応）にこだわっているのであれば[24]、準委任契約であっても、不具合対応を行える受入検査期間を長く設定したり[25]、より直截に、契約期間終了後も一定期間（例えば2～3か月）は不具合を無償で改修するという特約を入れることも考えられる。

コラム

労働者派遣による内製はなぜ進まないのか

　アジャイル開発を内製で行うにあたっては、雇用のほかに、労働者派遣という選択肢がある。派遣であれば、必要な期間だけ、自らの指揮命令下に外部のエンジニアを置くことができ、雇用よりも柔軟なリソース調整ができるはずである。

　しかし、実態として、アジャイル開発において派遣はあまり活用されていないようである。活用されていない理由として、偽装請負に関する厚生労働省の「派遣・請負区分のあてはめの明確化に関する実務者ヒアリング」では、

　・ノウハウが個人単位でしか蓄積されず、知財が派遣先に帰属することが

24　準委任契約も有償契約である以上、理論的には契約不適合責任が準用されるようにも見えるが、準委任の場合、契約不適合責任が準用されることの実質的な意味は期間制限だけであるところ、請負と異なり、完成物の引渡しにより履行が完了したという信頼が受任者に生じる場面が観念しにくいことからすれば、そのような期間制限は不要であり、したがって準委任契約には契約不適合責任は適用されないと解される。第1章注38　松尾＝西村『紛争解決のためのシステム開発法務』214頁、鎌田薫＝内田貴＝青山大樹＝末廣裕亮＝村上祐亮＝篠原孝典『重要論点　実務　民法（債権関係）改正』（商事法務、2019）318頁

25　IPAモデル契約解説60頁の【工夫4】では、「準委任契約ではベンダ企業は契約不適合責任を負わないが、ユーザ企業側からすると、不具合があっても修補等の対応をしてもらえる保証がなく、リスクが大きいと感じることがある。これを回避するために、ユーザ企業・ベンダ企業間の協議と合意のもとに、契約期間内に不具合対応ができるようなスケジュールを組めるように受入（検査）期間を長く設定する」という工夫が紹介されている。

多い[26]。

・ユーザ企業は開発者ではないので、開発に必要なスキルをピンポイント
で特定することはかなり難しい。そのため、（労働者派遣ではなく）ある
程度スキルセットをまとめてベンダに準委任するということが多い[27]。
といった点が挙げられている。

　また、アジャイル開発の偽装請負問題が取り上げられた政府の規制改革
推進会議の成長戦略ワーキング・グループでは、ベンダ側から、派遣の場
合は準委任に比べて非常に値段が安く、また知財（のベンダ帰属）が主張
できなくなるといったコメントがなされている[28]。

　ベンダにとってみれば、エンジニアの派遣は個人単位の労働力の供給で
しかなく、自らの裁量と責任のもとチームで稼働できる業務委託（準委任
や請負）と比べると収益性が低いこともあり、なるべくなら派遣でなく業
務委託で受けたいというのが本音だろう[29]。特に、アジャイル開発を行う
場合には、短期間で動くソフトウェアを開発することができる、スキルの
高いエンジニアが要求されるが、ベンダにとって、スキルの高い人員は、
個別に派遣で出すのではなく、業務委託のチームで活躍してもらった方
が、より高い利益が見込めるといえる。

26　厚生労働省　令和 3 年 5 月 31 日「第 1 回　派遣・請負区分のあてはめの明確化に関す
る実務者ヒアリング」要旨 https://www.mhlw.go.jp/content/000834215.pdf
　なお、同要旨においては、「知財については、契約でどう整理するかという話。またア
ジャイル型開発の経験をすることによってベンダー側にもその経験の蓄積ができるの
で、あとは社内で体系化すれば、知見がたまらないということではないのではないか」
との指摘もなされている。もっとも、派遣の場合、派遣先の指揮命令下で著作や発明
等が行われることから、派遣先帰属とするのが一般的であるように思われる。

27　厚生労働省　令和 3 年 6 月 29 日「第 2 回　派遣・請負区分のあてはめの明確化に関す
る実務者ヒアリング」要旨 https://www.mhlw.go.jp/content/000834224.pdf

28　内閣府「規制改革推進会議　会議情報」https://www8.cao.go.jp/kisei-kaikaku/kisei/
meeting/meeting.html（令和 3 年 2 月 25 日開催「第 6 回成長戦略ワーキング・グルー
プ」議事録参照）

29　秦泉寺久美＝神明夫＝村本達也「アジャイル開発推進を目的とした発注側企業におけ
る準委任契約制度の設計」トランザクションデジタルプラクティス 2 巻 1 号 11 頁は
「人貸しに終始し、収益の増大につながらないため、受託側企業は派遣契約による社員
の専属専任を好まない傾向がある」とする。
https://www.ipsj.or.jp/dp/contents/publication/45/0002/TR0201-02.html

　他方、ユーザとしても、派遣で受け入れた人員に対して適切な指揮命令を行って自ら開発をするためには、相応のスキルやノウハウが要求される。そうしたスキル等が十分でなければ、ベンダにまとめて業務委託せざるを得ず、またその方がメリットが大きいといえる。

3　検査、検収の扱い

　アジャイル開発では、開発したものに対してさらに機能を追加したり、一旦開発した機能についても内部構造を整理する形で改修（リファクタリング）するなど、継続的な改修・改善が行われる。そのため、外部委託によりアジャイル開発をする場合、開発された機能・プロダクトをどのように検査し、検収すべきか、それをどう契約に定めるかが問題となり得る。

（1）検収

　ソフトウェア開発における「検収」とは、法律上の定義はないが、一般的に、開発されたソフトウェアが仕様どおりの内容となっているか否かについて注文者が受入検査をすること[30]、又は開発されたソフトウェアが受入検査に合格すること（検収合格ともいう）を指す[31]。請負契約では、通常、仕事の完成が報酬支払の前提となるが[32]、検収は、仕事が完成したことを発注者が確認するものであるから、検収がなされていれば仕事は完成しているはずとの経験則が働くといえる[33]。検収の基準として、実務上は、検査に先立って

30　東京地判平成 22 年 4 月 8 日　ウエストロー・ジャパン 2010WLJPCA04088005
31　第 1 章注 38　松尾＝西村『紛争解決のためのシステム開発法務』176 頁
32　請負に関する民法 633 条は、報酬支払は仕事の目的物の引渡しと同時履行とする一方、目的物の引渡しを要しない場合は「約した労働を終わった後」という雇用の条項（624 条 1 項）を準用しており、これは請負の文脈では仕事が完成した後と解釈されている。山本豊編『新注釈民法（14）』（有斐閣、2018）〔笠井修〕181 頁
33　第 1 章注 38　松尾＝西村『紛争解決のためのシステム開発法務』176 頁参照。なお、建築やソフトウェアの請負契約に関する裁判例において、仕事の完成は、予定した最後の工程が完了しているかにより判断されることが多く、検収がなくても仕事の完成は認定され得る。

検査仕様書（名称は様々である）が作成される。検査仕様書の内容を定める主体については、契約上、発注者が自ら定めるとする場合、当事者間の合意で定めるとする場合、受注者が作成して発注者の承認を得るとする場合等がある[34]。

（2）検査

次に、ソフトウェア開発契約において、「検査」とは、上記の検収の際の受入検査（受入テスト）を指すことも多いが[35]、必ずしもそれに限られず、開発途中の成果物のテストも含め、より広い意味で用いられる。また、準委任契約の場合など、契約上、検収の手続が定められていない場合でも、通常、ユーザによる何らかの検査は行われる。ユーザによる検査の対象や方法は場合により様々であり、ベンダが行ったテスト結果報告書等の文書を確認する場合もあれば、ユーザが主となってソフトウェアの動作が仕様どおりであるかテストする場合もある。

　これら検収や検査について、どのような法的な意味をもたせるかは、契約による。以下、契約類型ごとに述べる。

（3）請負契約の場合

請負契約の場合には、上記のとおり、受注者が開発・納品した成果物について、検収が完了することが、契約上、報酬支払の条件[36]とされることが多い[37]。

34　伊藤雅浩＝久礼美紀子＝高瀬亜富『IT ビジネスの契約実務〔第 2 版〕』（商事法務、2021）82 頁では、契約上作られるべき検査仕様書が実際には作成されていなかったり、どの文書が検査仕様書に該当するのか当事者間で明確に把握されていなかったりする事例が散見され、契約実務と現場の実務に乖離があることが指摘されている。

35　例えば IPA ＝経済産業省「情報システム・モデル取引・契約書（受託開発（一部企画を含む）、保守運用）〈第二版〉」において、「検査」はそのような意味で用いられているようである。

36　その他、契約上、検収完了の時点は、成果物に係る所有権や著作権等の権利移転の時点とされたり、契約不適合責任の存続期間の起算点とされたりすることもある。

　また、上記のとおり、検収は、仕事が完成したことを事後的に発注者が確認するものであるから、検収がなされていれば仕事は完成しているはずとの経験則が働く。

(4) 準委任契約の場合

　ア　通常の準委任契約（履行割合型準委任契約）

　他方、準委任契約の場合には、検収ではなく、受注者による業務終了後に（業務が長期にわたる場合は、一定期間の業務が終了するごとに）受注者から実施業務報告書（作業報告書、業務結果報告書等、名称は様々である）が提出され、発注者がそれを検査し、確認することが報酬支払の条件となっているケースが比較的よく見られる[38]。

　その他、確認の規定を置かず単純に稼働工数や期間に応じて報酬を支払う場合もあれば、実施業務報告書ではなく、特定の文書（例えば要件定義書や設計書等）の提出とその検査、確認が報酬支払の条件となっている場合もある。請負契約と異なり、受注者の債務は仕事の完成ではなく事務の遂行であるため、ここでいう確認は、仕事が完成しているかどうかを判定する検収ではなく、契約の趣旨に沿った事務が遂行されていることを確認するものとなる。

　IPAモデル契約は、準委任契約を前提とするものであるが、委託料の支払方法は特定の方法に固定されておらず、別紙8項において、案件に応じて定

37　前掲注32記載のとおり、請負契約の報酬支払に関し、民法633条は、報酬は仕事の目的物の引渡しと同時履行であること、目的物の引渡しを要しない場合は仕事の完成の後に支払われることを定めているが、契約によって、これが「検収後」に修正されていると考えられる。なお、発注者がいつまでも検査を行わず報酬が支払われない事態を避けるため、一定の検査期間内に不合格である旨を受注者に通知しなかった場合には、検収完了とみなすという条項（みなし合格条項）が契約上定められることが多い。

38　民法上、準委任の場合は委任事務を履行した後でないと報酬を請求できないが、期間によって報酬を定めたときは、その期間経過後に請求できるとされている（民法648条）。任意規定であるため、契約による修正は可能である。なお、一定の成果に対して報酬を支払う成果報酬型準委任の場合は、請負と同様、成果が引渡しを要するときは成果の引渡しと報酬が同時履行になるとされている（民法648条の2第1項）。

めることとされている（IPA モデル契約 11 条）。別紙 8 項のサンプルでは、IPA モデル契約 10 条に基づきベンダが実施業務報告書を提出してユーザがその内容を確認したことが委託料請求・支払の前提となっているが、検査の実施の有無やその合否は委託料支払とは直接結びつけられていない。このような場合でも、ユーザが開発された機能やプロダクトの検査を行い、その品質・完成度を確認することは、問題がある場合の修正要求や、善管注意義務違反に基づく責任追及をする契機となるため、重要である。

　イ　成果報酬型準委任契約

　準委任では、請負と同様に、一定の成果を報酬の支払条件とすることもできる（成果報酬型準委任。民法 648 条の 2 第 1 項）[39]。この場合には、請負と同様、成果に対して報酬支払が行われることになるので、請負における検収と同様、事前に仕事が完成しているかどうかを検査し、合否を判断する基準とプロセスを設けることになる。

（5）アジャイル開発（スクラム）における検査

　スクラムの場合、スプリントにおいて要求事項に対応した機能（インクリメント）が開発されると、プロダクトオーナーはその都度、要求事項の完了確認を行う（IPA モデル契約 4 条 3 項のプロダクトオーナーの役割のうち 5 号「プロダクトバックログに含まれる個々の要求事項の完了確認を行うこと」がこれにあたる。）。

　また、プロダクトが完成した際にも、プロダクトオーナーが完成確認を行う（IPA モデル契約では、同号のうち「開発対象プロダクトの完成確認…を行うこと」がこれにあたる。）。プロダクトオーナーがこのような要求事項の完了

39　前掲注 34　伊藤＝久礼＝高瀬『IT ビジネスの契約実務〔第 2 版〕』34 頁は、準委任契約において要件定義書等特定の文書が成果物として規定されていたとしても、必ずしも成果報酬型準委任であることを意味するものではなく、契約の本旨が受注者による発注者の文書作成支援であれば、当該文書は参考文書に過ぎず、直ちに成果報酬型にはならないとする。契約上、報酬支払の条件として、受注者による仕事の完成が求められているのか、一定の事務の遂行が求められているのかを明らかにするためにも、準委任契約において特定の成果物を記載するような場合は、履行割合型と成果報酬型のどちらであるか契約上明確にしておくべきと思われる。

確認や、プロダクトの完成確認を行うにあたっては、その前提として、ユーザがこれらを確認可能な状態になっている必要がある。

　ア　個々の要求事項の完了確認

　まず、個別の要求事項の完了確認については、スプリントで開発される機能（インクリメント）については、プロダクトオーナーが、あらかじめ定めた完了基準に従い、スプリントにおいて完了の判断を行う（スプリントの終了時に限らず、開発されたインクリメントから順次完了確認を実施する。）。個々の要求事項の完了基準は、スプリントでの開発を始める前までにスクラムチームで協議の上決定すべきであり、プロダクトバックログに記載しておくことが望ましい（IPAモデル契約にその旨追記する場合は、143頁の変更例参照）。

　アジャイル開発に特徴的なこととして、主たるプラクティスの一つであるテスト駆動開発が用いられている場合は、開発過程においてテストが自動化され、コードが作成されるたびにテストが実行される。結果として、開発されたインクリメントは、既に機能レベルのユニットテストに通った状態といえる。また、継続的インテグレーションのプラクティスが用いられている場合は、インクリメントが開発されるごとに、それまでに開発された部分に自動的に統合がなされ、統合されたソフトウェアに対して、自動的にテスト（部分的な結合テスト）が行われ、問題があれば修正が行われる。

　そのため、こうしたプラクティスが用いられていれば、スプリントで開発されたインクリメントは、既に一定のテストを完了している状態にあるといえる。こうしたテストの内容が十分なものであるならば、これらテスト（「ユーザが承認したもの」という留保を付けることも考えられる）に合格することを完了基準として定め、プロダクトオーナーはインクリメントがテストに合格していること（加えて、個別の要求事項に特有の要件があれば、それを満たしていること）の確認をもって、個々の要求事項の完了確認とすることが考えられる。

　他方、こうしたプラクティスが用いられていなければ、別途、ユーザが承認した内容の単体テスト、結合テスト、コードのレビュー等を実施して合格することを完了基準として定め、プロダクトオーナーはこれらのテスト結果

を見て判断を行うことになるだろう。

　　イ　プロダクトの完成確認

　次に、プロダクト全体について開発がひととおり完了した場合には、プロダクトオーナーが（例えばリリース前等に）プロダクトについての完成確認を行うことになる。プロダクトオーナーが完成確認を行うためには、その前提として、スプリントにおいてインクリメントに対して行われる自動化されたテストだけでは足りず、ユーザが実際に使うプロダクトに対して、ユーザとベンダが協力し、受入テストを含めた十分なテストを行うことになる[40]。少なくとも受入テストについては、契約上明記しておくことが望ましい（IPA モデル契約にその旨追記する場合は、143 頁の変更例参照）。

　具体的には、以下のコラム「アジャイル開発におけるテスト」に記載したアジャイルテストの 4 象限等を参考に、開発途中におけるストーリーテスト（次頁の Q2）や、探索的テスト、ユーザビリティテスト、受入テスト（Q3）、非機能要件のテスト（Q4）等の中から、案件やプロダクトの性質に応じて、必要なものを実施することになる。ベンダは、適時適切なタイミングで、必要なテストの実施をユーザに提案すべきであろう。

　なお、スプリント外で行われるテストについても、タスクとして明確に認識してスケジュールに組み込むためには、プロダクトバックログに載せて要求事項の一つとして管理すべきである。

コラム

アジャイル開発におけるテスト

　アジャイル開発におけるテストは、次のような 4 象限の形で整理されることが多い。

40　その他、ベンダからユーザへの納品がある場合はその前にテストが行われることになるだろう。

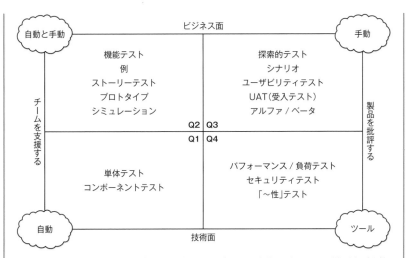

Lisa Crispin＝Janet Gregory（榊原彰（監訳、訳）、山腰直樹＝増田聡＝石橋正章（訳））
「実践アジャイルテスト　テスターとアジャイルチームのための実践ガイド」より

　4 象限のうち左側（Q1 と Q2）は、開発途中のものに対して行われる、開発
を支援するためのテストである。そのうち Q1 は技術面からのテスト（テスト
駆動開発により行われる個々のユニットレベルの単体テストや、継続的インテグ
レーションにより行われる部分的な結合テスト）であり、スプリントの中で自動
化されて実施されるものが多い。Q2 は、ビジネス面からのテストであり、ス
トーリーテスト（ユーザが理解できるストーリーに沿って動作するか否かを確認
するテスト）など、開発した機能がユーザの要求する仕様に即して動作するこ
とをユーザ目線で確認するものである（Q2 でも、自動化できるものは自動化さ
れてスプリントの中で行われることがある。）。

　右側（Q3 と Q4）が一旦完成したプロダクトを評価するテストである。
Q3 は、ビジネス面からプロダクトをテストするもので、ユーザビリティテ
スト（ユーザがプロダクトを実際に操作して、修正すべき点をチェックするも
の）、探索的テスト（通常行わないような操作も含め、様々なパターンでプロ
ダクトを動かして問題がないかチェックするもの）のほか、受入テストもここ
に位置付けられる。この Q3 は、自動化するのが 4 象限の中で最も難しい。

　Q4 は、技術面からプロダクトをテストするものであり、パフォーマンステ

スト、負荷テスト、セキュリティテスト等の非機能要件のテストが含まれる（自動化できるものは自動化されることがある。）。

　スプリントの中で実施されるのは主に Q1（場合により Q2）であり[41]、他の象限のテスト（受入テストを含む。）は、リリース前などにまとめて行われることが多い。

（6）契約上の対応

　IPA モデル契約において、個々の要求事項の完了確認に係る完了基準の明確化や、プロダクトの完成確認の前提となる受入テストの明記を行う場合は、143 頁の変更例を参考とされたい。また、これら完了確認や完成確認を、委託料の支払の条件とする場合には、委託料について定める別紙 8 項において、そのように記載することになる。その際には、成果報酬型準委任なのか、履行割合型準委任なのかを明記すべきであるほか、検査がいつまでも終わらず、ベンダに委託料が支払われない事態を避けるため、検査の期限と、当該期限までに検査が不合格であった旨の通知がなければ合格とみなす、いわゆるみなし合格の条項を追加することが考えられる。

　なお、IPA の基本契約/個別契約モデルにおける請負型のように、開発対象として固まった機能ごとに、小さな単位で請負契約を締結するようなケースでは、通常、個別のスプリントにおいて開発される成果物（個別の機能）に対して完了確認を行い、報酬を支払うことになると思われる。しかし、それら機能は事後的に改善・改修されることもあり、またプロダクト全体についてのテストが十分行われていないことから、いまだ最終的な完成品とはいえない場合があり、プロダクト全体が完成した後に、さらにテストや修正が必要となること（こうしたテストや修正[42]もベンダに発注することになり、そのための予算を確保しておくこと）を想定しておく必要がある[43]。

41　もっとも、近時は自動化ツール等の発達により、他の象限のテストも自動化されスプリントの中で実施されることもある。

4　ドキュメントの扱い

(1) アジャイル開発におけるドキュメント

アジャイルソフトウェア開発宣言の一つに、「包括的なドキュメントよりも動くソフトウェアを」というものがある。よりよいソフトウェアを開発するためには、包括的なドキュメント作成に時間をかけるよりも、まずは動くソフトウェアを開発することに、より価値を置くべきというものである。この宣言も、決してドキュメントを作成する必要はないといっているわけではないのだが、アジャイル開発ではドキュメントを作成しないと誤解されることがある[44]。

アジャイル開発では、一旦開発された機能についても、事後的に手が加えられ、改善されていくことが想定されている。そのような過程の途中で、個別の機能に関する詳細なドキュメントを作成しても、すぐに陳腐化してしまいかねない（そして、陳腐化を避けるには、手間をかけてメンテナンスやアップデートをしなければならない。）。開発チームの限られたリソースを使うにあたり、ドキュメント作成よりも、短期間での動くソフトウェアの開発に注力するのは、アジャイル開発ではある意味当然といえる。

(2) 作成されるドキュメント

しかし、アジャイル開発においても、必要に応じてドキュメントが作成される。具体的には、次のようなものが挙げられる。

42　契約不適合責任の対象となる不具合であれば、その改修は無償で行われるべきともいえるが、他の機能との結合時に生じた問題が当初納品時の契約不適合なのかどうか、現実的には区別が容易ではないように思われる。

43　個別の請負契約において、ある程度まとまった分量の機能が成果物として定義されているのであれば、（スプリントにおける完了確認のみならず）それら複数の機能を対象に、受入テストや検収手続を行うことも考えられるが、プロジェクト自体が継続している以上、やはり事後的な修正の可能性はあり、プロダクト全体が完成した後のテストや修正が必要となるだろう。また、個別の小さな請負契約ごとにこのような受入テストや検収手続を行う場合、回数が多くなるほどスクラムチームにとって負荷が大きく、開発のスピードを遅くする原因となり得る。

44　また、この誤解にかこつけて、トラブル時に誤った主張がなされることもある。例えば、本章第3記載の【裁判例1】及び【裁判例2】では、アジャイル開発なのでドキュメントは存在しないとの主張がなされている。

ドキュメント種別	例
A　プロダクトに関するもので、スクラムチーム内部で（又はステークホルダー等と）情報共有・認識合わせをするためのドキュメント	・インセプションデッキ ・ユーザストーリー ・プロダクトバックログ[45] ・情報共有・認識合わせを目的とする、基本設計、機能設計[46] の情報共有（メンバーが閲覧・編集可能な Wiki 等を用いた共有や、ホワイトボードツール等による図表の共有等）の記録
B　プロダクトに関するもので、スクラムチームの意思決定を記録したドキュメント	・プロダクトバックログの変更履歴 ・個別のバックログアイテムの完了基準 ・個別のバックログアイテムが完了と判断されたことの記録（実務上、これら変更履歴、完了基準、完了確認記録は、プロダクトバックログ上に記載して記録に残すことも多い） ・会議時の議事録、メモ ・メールやコミュニケーションツール上の記録
C　プロダクトに関するもので、プロジェクト終了後の移管やメンテナンス等のためのドキュメント	・ユーザストーリーやプロダクトバックログ（要求事項を簡易に示した資料として） ・各種テスト結果報告書等（65 頁記載のアジャイルテストの4象限のうち、主に Q3、Q4 のテストの報告書） ・移管後の運用やメンテナンスを目的として、システムの全体像を把握するための構成図や、メンテナンスに必要な範囲で情報を記載した基本設計書、詳細設計書、運用設計書等を、プロダクトの内容や必要性に応じて作成
D　プロジェクトに関するもので、開発の進め方に関する合意や認識合わせの内容を記録したドキュメント	・開発の具体的な進め方に関する文書（当事者の役割分担、業務フロー等を含む） ・提案依頼書（RFP）とそれに対応する提案書、キックオフ資料 ・インセプションデッキ ・スクラムチーム内のワーキングアグリーメント[47]

45　個別のプロダクトバックログアイテムについてスクラムチームで合意した完了の定義は、プロダクトバックログに記載されることが多い。
46　その時点で共有を必要とする情報にポイントを絞って作成されるもので、ウォーターフォール開発において作成されるような網羅的なものとは目的も内容も異なる。
47　ワーキングアグリーメントは、アジャイル開発のプラクティスの一つであり、スクラムチームのメンバーが価値観を共有しつつ自律的に働くためのルールを規定するもの。具体的には、スクラムチーム内の協議により、例えば日々のスクラムイベントの回し方の詳細や、コミュニケーションで守るべきルールなどが取り決められ、定期的な見直しとアップデートがなされる。

A　プロダクトに関するもので、スクラムチーム内部で（又はステークホルダー等と）情報共有・認識合わせをするためのドキュメント

　ウォーターフォール開発の場合、要件定義、設計、実装という工程ごとに要件定義書や設計書が作成され、次の工程ではそれに基づき業務が行われることになる。アジャイル開発の場合は、こうした工程の区分はなく、一つのスプリントの中でこれら業務が行われることになるため、次工程に情報を伝えることを目的とするドキュメントは作成されない。しかし、スクラムチーム内での情報共有のためのドキュメントは作成され得る。

　スクラムチーム内では、様々なコミュニケーションが行われるところ、口頭や成果物そのもので正確な情報共有を行うのは限界がある。開発者が機能の設計の詳細等に関するドキュメントを作成してスクラムチーム内外で共有する方が、関係者の理解に役立ち、より迅速な意思決定や効率的な開発に資するのであれば、適宜そうしたドキュメントを作成すべきことになる。その意味で、アジャイル開発でも要件や設計に関するドキュメントが作成されることはあるが、ウォーターフォール開発と比べると、目的と内容が異なるといえる。アジャイル開発の場合、この種の技術的なドキュメントは常に作成されるわけではなく、開発を円滑に進めるにあたって必要な場合に、共有を必要とする情報にポイントを絞った形で作成される。

　実務上、要件の情報共有は主にプロダクトバックログ上の情報を通じてなされ、機能設計等の情報共有は、チームメンバーが閲覧・編集可能なWikiや、図表を示せるホワイトボードツール等を通じてなされることが多い。

B　プロダクトに関するもので、スクラムチームの意思決定を記録したドキュメント

　アジャイル開発は、ユーザがプロダクト開発に深くコミットし、スプリントごとの成果を確認しながら進めるため、開発されたプロダクトとユーザの要求・意向との間にギャップがあることに起因するトラブルはかなりの程度抑止できる。

　もっとも、当然ながらアジャイル開発でもトラブルは生じ得る。例えば、

ベンダがプロダクトバックログの内容に従わずに開発を行った場合や、開発チームの要求にもかかわらずプロダクトオーナーが必要な意思決定を行わない場合、プロダクトオーナーがプロダクトの方向性を決めきれず、方針がぶれてプロダクトバックログの内容が大幅に入れ替えられ、結果的にプロジェクトが停滞する場合など、当事者が契約に基づき行われた意思決定に従わなかったり、必要な意思決定をしなかったり、意思決定が大きくぶれたりすることが原因で問題が生じることがある。

　このようなトラブルを事前に防ぐ（又はスムーズな解決を図る）には、スクラムチーム等における意思決定について明確に記録しておき、いつどのような意思決定やその変更がなされたのか追跡できるようにしておくことが望ましい。

　例えば、プロダクトの大きな方針の変更については、インセプションデッキの変更履歴や、プロダクトバックログの変更履歴を記録することで事後的な確認が可能となる。特にプロダクトバックログは、スクラムにおけるドキュメントの中核をなし、常にスクラムチーム内で共有されるものであるから、スクラムチームでの合意内容やプロダクトオーナーが決定・判断する内容も含め、アジャイル開発ではプロダクトバックログに情報や記録を集約していくのが簡便といえる。例えば、個別のバックログアイテムの完了基準や、個別のバックログアイテムが完了と判断されたことの記録についても、プロダクトバックログにそれぞれ記載し、一元管理することが考えられる。

　その他、会議時に重要な意思決定があれば、議事録やメモに残して共有しておくことが望ましい。また、簡易な方法として、メールその他のコミュニケーションツール（事後的に改ざんできないもの）により相手方に連絡する形で、意思決定の記録を残しておくことも考えられる。

C　プロダクトに関するもので、プロジェクト終了後の移管やメンテナンス等のためのドキュメント

　開発したプロダクトに関する詳細な情報を記したドキュメントが用意されていなければ、スクラムチームの解散やメンバーの入替えによって、プロダ

クトがブラックボックス化し、メンテナンスやアップデート等ができなくなるおそれがある。これはウォーターフォール開発でもアジャイル開発でも同じであるが、アジャイル開発の場合、開発対象が変動することから、こうした目的でドキュメントを作るタイミングは、主要な機能を開発して実運用を始める前（リリース前）や、実際に移管が発生する前等になる[48]。但し、開発を担当したチームがそのまま運用・保守も行ったり、開発チームと運用チームが密接に連携して改善を進めていくようなケース（DevOps[49]）では、こうしたドキュメントを作成する必要性が低い場合もある。

　また、プロダクトをリリースする前に実施したテストの結果報告書なども、テストによって仕様に沿った動作が確認されたことの記録として作成すべきと考えられる（88頁【裁判例2】参照）。

　他のドキュメントと違い、移管やメンテナンスのためのドキュメントは、ある程度まとまった時間をかけて作成する必要がある。そのため、可能であれば契約時点において、作成する予定のドキュメント及び想定コストについて（事後的な変更もあり得る前提で）認識合わせをしておき、タスクとして明示的に認識しスケジュールに組み込むためにプロダクトバックログに載せておくのがよい（IPAモデル契約9条参照）。

D　プロジェクトに関するもので、開発の進め方に関する合意や認識合わせの内容を記録したドキュメント

　その他、アジャイル開発を行うにあたって、どのような進め方、役割分担でこれを行うかについてのドキュメントも重要である。基本的な進め方や役

48　市谷聡啓＝新井剛＝小田中育生『いちばんやさしいアジャイル開発の教本』（インプレス、2020）193頁

49　DevOpsの明確な定義はないが、開発と運用を密接に連携させて価値の高い製品を迅速に提供する考え方をいうとされる。DevOpsにおいては、開発チームと運用チームの密接な協働のために様々なツール（特に、作業・開発の自動化、リリースの制御、情報の見える化とコミュニケーションの向上に資するもの）が活用される。長瀬嘉秀＝伊藤龍司＝木村泰久＝杉浦由季＝長岡晶史＝松本哲也『エンタープライズアジャイル開発実践ガイド』（マイナビ出版、2020）340頁以下

割分担は、契約書に記載されることも多いが、進め方自体改善していくこと
が推奨されるため、契約書で固定せず、別途開発プロセスを規定したドキュ
メントを作成し、（変更され得ることを前提に）当事者間で合意した上で進め
ることも多い。RFP とそれに対応する提案書、キックオフ資料、インセプ
ションデッキ等で認識合わせがなされることもある。特に、プロジェクトの
全体規模感、具体的な開発環境・開発言語等[50]、用いるプラクティス、スケ
ジュールのマイルストーン、リリース前の受入判断に係る手続（例えば検査
仕様書の作成や受入テストの実施）等については、IPA モデル契約付属の契約
前チェックリストを参考に、契約前から十分検討し、文書など記録に残る形
で合意・認識合わせをしておくべきである[51]。

　IPA モデル契約は、別紙にスケジュールのマイルストーンを記載すること
になっており、開発の進め方については同契約に付属の「アジャイル開発
進め方の指針」（進め方指針）を参照することとしている。進め方指針につい
ては、一般的な進め方やプラクティスの記載があるが、案件特有の事情につ
いては記載がないため、案件に合わせて進め方指針の内容を変更して使う
か、又は別途文書を作成して認識合わせをしておくことが望ましい。

5　偽装請負

　アジャイル開発は、スクラムチームのメンバーが密接に協働しながら開発
を進めるものであるが、外部委託の場合、発注元の人員と発注先の人員がそ
のように密接な協働関係に立ち、頻繁にコミュニケーションをとることにな
る。この点について、発注元の人員から、発注先の個別の人員に対して、直
接作業の指示などがなされると、いわゆる偽装請負（派遣法違反）と評価され

50　95 頁の【裁判例 6】では、開発言語について争いが生じた。
51　アジャイル開発においては、これらの内容も流動的な場合があり、事後的にスクラム
　　チームによって変更される場合もあるため、ここで作成された文書も、（契約書のよう
　　に法的拘束力を持つものではなく）当事者間のその時点での認識を確認したものとし
　　て位置付けるべきだろう。そのように扱ったとしても、実際に紛争になった場合に
　　は、当該文書は、その時点での当事者間の意思を推認するものとして意味を持ち、事
　　後的に紛争が生じた場合の証拠資料になり得る。

るおそれがある。この問題については、次章において詳しく説明する。

6 プロジェクトマネジメント義務・協力義務

(1) 裁判例におけるベンダのプロジェクトマネジメント義務とユーザの協力義務

ソフトウェア開発の外部委託では、ユーザとベンダとの間に情報の非対称性がある。すなわち、ユーザは、開発するソフトウェアが関わる事業活動、業界や自社業務の慣行、あるいはユーザの嗜好やマーケットの状況について詳しい情報を有している一方、ベンダはこれらを知らない。他方、ベンダはソフトウェア開発に関する専門知識やノウハウについて、通常はユーザよりも熟知している。

こうした非対称性がある以上、いずれか一方だけではソフトウェアを開発することはできず、両当事者が共同で行う必要がある。もっとも、ソフトウェア開発には様々なリスクがあり、これを成功させるためにはリスクを予測し回避する必要があるところ、そのような予測や回避を行えるのは、一般的には、ソフトウェア開発に関する専門知識を有するベンダ側と考えられる[52]。

このような背景もあり、裁判例において、契約又は信義則に基づき、次のような義務（あるいは果たすべき役割）がベンダのプロジェクトマネジメント義務として導き出されている（なお、プロジェクトマネジメント義務及び協力義務の具体的内容は、それが問題となる時点、個別案件の内容、当事者の役割分担の状況等に応じて個別に決まってくるため、定式化することはできない。したがって、以下はあくまで例示に過ぎない[53]。）。

---

52 遠藤東路「システム開発契約」内田貴＝門口正人編集代表『講座　現代の契約法　各論3』（青林書院、2019）368頁
53 第1章注38　松尾＝西村『紛争解決のためのシステム開発法務』55頁以下では、プロジェクトマネジメント義務と協力義務について、多数の裁判例をもとに詳しい分析と整理がなされている。

① 契約書や提案書で提示した開発手順や開発手法、作業工程等に従って開発作業を進めるとともに、常に進捗状況を管理し、開発作業を阻害する要因の発見に努め、これに適切に対処すべき義務[54]

② ユーザのシステム開発への関わりについても、適切に管理し、システム開発について専門的知識を有しないユーザによって開発作業を阻害する行為がされることのないようユーザに働きかける義務[55]

③ （開発の途中で仕様の変更追加の申出がされることも前提とされていたケースにおいて）ユーザから仕様の変更追加の申出があった際に、それによってスケジュールに遅延をもたらす場合にはその旨説明するなどしてユーザと協議し、その都度納期を見直すなどした上で、最終的に決められた納期に間に合うように仕様を確定させていく義務[56]

しかし、いくらベンダがこうした義務を果たしていても、ユーザ側が開発を進めるために必要な情報をベンダに伝えなかったり、開発に協力しない場合には、それによる失敗のリスクはユーザの責任とすべきである。その意味で、ユーザはベンダに対する協力義務を負う。裁判例においては、契約又は信義則に基づき、ユーザの協力義務として、次のようなものが導き出されている（なお、これも例示に過ぎない。）。

① 開発過程において、内部の意見調整を的確に行って見解を統一した上、どのような機能を要望するかを明確にベンダに伝え、ベンダとともに要望する機能について検討して、最終的に機能を決定し、さらに、画面や帳票を決定し、成果物の検収をするなどの役割を果たす義務[57]

② 契約や仕様凍結合意に反して大量の追加開発要望を出し、ベンダにそ

54　東京地判平成 16 年 3 月 10 日判タ 1211 号 129 頁
55　前掲注 54　東京地判平成 16 年 3 月 10 日判タ 1211 号 129 頁
56　東京地判平成 25 年 11 月 12 日判タ 1406 号 334 頁
57　前掲注 54　東京地判平成 16 年 3 月 10 日判タ 1211 号 129 頁

の対応を強いることによってシステム開発を妨害しないという不作為
義務[58]

こうしたプロジェクトマネジメント義務と協力義務が問題となるのは、プ
ロジェクトに潜んでいたリスクが顕在化して、ソフトウェア開発が途中で頓
挫したときである。具体的には、プロジェクトに生じた問題に起因して、発
注者であるユーザが契約を解除し、ベンダに対して報酬の返金や損害賠償を
請求するような場合において、ベンダに責任が認められるか否かを判断する
にあたって、プロジェクトマネジメント義務と協力義務が持ち出され、検討
が行われる[59]。

(2) 請負契約におけるプロジェクトマネジメント義務とユーザの協力義務

請負契約の場合には、請負人であるベンダは、契約上の義務として、仕事
を完成させる義務（すなわち、ソフトウェアを完成させる義務）を負う（民法
632条）。しかし、請負契約は仕事の完成という「結果」を約束するだけで、
仕事が完成するまでの「過程」における義務はないはずである。プロジェク
トの途中でユーザが契約を解除したような場合には、請負人であるベンダの
責任によって、仕事を完成させる義務が果たされなかったのか、それとも解
除がなされずプロジェクトが継続していれば仕事が完成できたのに、ユーザ
のせいで義務が履行できなくなったのか、必ずしも明確ではない。上記のよ
うに、プロジェクトの途中で顕在化したリスクによる損害を、ベンダとユー
ザのどちらに帰責させるべきかを検討するにあたっては、プロジェクトの過
程におけるベンダとユーザのとるべき行動を想定し、きめ細かに検討・分析

---

58 札幌高判平成29年8月31日判時2362号24頁
59 こうした検討において、「プロジェクトマネジメント義務」は（契約上明記されていな
い事項も含めた）ベンダの役割、「プロジェクトマネジメント義務違反」はベンダの帰
責事由を意味するものとして、「協力義務」は（契約上明記されていない事項も含め
た）ユーザの役割、「協力義務違反」はユーザの帰責事由を意味するものとして、それ
ぞれ使用されているといえる。松島淳也＝伊藤雅浩『新版 システム開発紛争ハンド
ブック』（第一法規、2018）109頁

する必要がある。プロジェクトマネジメント義務と協力義務は、そのような検討・分析のために実益を有するものであり[60]、いわばベンダの結果に対する義務を、過程に対する義務に引き直したものと考えられる。

（3）準委任契約におけるプロジェクトマネジメント義務とユーザの協力義務

　これに対して、準委任契約の場合は、もともと仕事の過程における義務として、善管注意義務を負っているため（民法644条）、こうしたプロジェクトマネジメント義務を独立に観念する必要はないともいえる。

　しかし、いずれにせよ、プロジェクトの途中で顕在化したリスクをどちらに帰責させるべきかという分析・検討を行う際には、問題となる局面に応じた善管注意義務の具体的な内容（善管注意義務と一口にいっても、具体的にどのような行動をする義務があったのか）を契約や慣習等から導き出す必要があるため、結局は請負契約の場合と同様に、（それをプロジェクトマネジメント義務と呼ぶか否かはともかく）ベンダが果たすべきであった具体的内容の義務と、ユーザの協力義務を軸とした検討が行われることになる。

　プロジェクトマネジメント義務と協力義務が、結局のところ、ベンダとユーザが共同でソフトウェア開発を行う過程において、上記の情報の非対称性や契約上の役割分担等をふまえ、互いにどのような行動をすることが求められていたのかを分析・検討するための概念であるとすれば、請負契約であるか準委任契約であるかを問わず、同様に問題となるといえる。

（4）アジャイル開発におけるプロジェクトマネジメントに係る役割分担

　アジャイル開発は、固定期間・固定プロセスの反復を繰り返し実行して行うものであり、開発チームも小規模であるため、ウォーターフォール開発と比べると、開発期間やリソースの調整についての自由度が低いといわれ

60　森・濱田松本法律事務所編『企業訴訟実務問題シリーズ　システム開発訴訟（第2版）』（中央経済社、2022）76頁

る[61]。そのため、通常、専門のプロジェクトマネージャーは置かれず、スクラムチーム全体でプロジェクトマネジメントを担う。プロジェクトの目的達成に向けて、プロダクトバックログの内容をコントロールしながら、自らの生産性を把握して個々のスプリントでの開発対象を決定し、反復的に開発を進めるのは、スクラムチームの役割だからである。

　このスクラムチーム内での役割分担に着目すると、ウォーターフォール開発においてプロジェクトマネージャーが行う業務のうち、対外的な業務については、ステークホルダーとの調整（ユーザの要求への対応を含む。）はプロダクトオーナーの役割、プロジェクト遂行上支障となる事項をなるべく排除して円滑な開発を支援するのはスクラムマスターの役割、具体的な開発業務のマネジメントは開発チームの役割となる。したがって、スクラムチーム全体においてプロジェクトマネジメントを行うといっても、その権限と責任のうち一定のものは、これらスクラムのロールに応じて分属しているといえる。

（5）アジャイル開発におけるプロジェクトマネジメント義務と協力義務
ア　ベンダのプロジェクトマネジメント義務
　プロジェクトマネジメント義務に関わるアジャイル開発の特徴として、

A　スクラムのフレームワーク上（あるいはそれを取り込んだ契約上）プロジェクトマネジメント義務・協力義務の内容が具体化されていること
B　ユーザ側も開発に深くコミットしているため、進捗管理等の問題についてベンダ側が責任を問われる場合は少なくなると考えられること
C　要求事項の追加・変更を許容するため、要求の追加・変更を抑える義務は生じにくいと考えられること

が挙げられる。以下それぞれについて述べる。

61　第1章注15　居駒＝梯『アジャイル開発のプロジェクトマネジメントと品質マネジメント　―58のQ＆Aで学ぶ―』15頁

　イ　**A　スクラムのフレームワーク上**（あるいはそれを取り込んだ契約上）
　　　プロジェクトマネジメント義務・協力義務が具体化されていること
　上記のとおり、アジャイル開発におけるプロジェクトマネジメントの権限
と責任の一部は、スクラムマスター、プロダクトオーナー、開発チームに分
属していると考えられる。そして、IPA モデル契約や LIP モデル契約のよう
に、スクラムのフレームワークを取り込んだ契約を用いる場合、これらの権
限と責任は、契約上法的拘束力のあるものとなる。そのため、アジャイル開
発の外部委託契約におけるプロジェクトマネジメント義務と協力義務は、ス
クラムを前提とする契約上の役割分担によって、具体化・明確化されること
になる[62]。
　具体的には、ベンダの義務を定める IPA モデル契約 5 条では、2 項におい
て、「乙（引用者注：ベンダ）は、前項の善管注意義務を果たすために、乙の
有する専門知識及びノウハウを活用し、甲（引用者注：ユーザ）に対して、
プロダクトバックログの内容及び優先順位に関する助言、開発スケジュール
の見通し、並びに開発対象プロダクトの技術的なリスクに関する説明を行う
など、開発対象プロダクトの価値を高めるよう努める」とし、4 項では、ベ
ンダが選定するスクラムマスターの義務として「乙は、スクラムマスター
に、本件業務が円滑に遂行されるよう、本件業務の遂行の妨げとなりうる事
象を積極的に把握し、それを排除するよう努める役割を担わせる」としてい
る[63]（下線は引用者による。）。
　これらは裁判例で認められているプロジェクトマネジメント義務に近いも
のであるため、（「努める」という努力義務的な形であっても）ベンダがこれら
を怠った結果としてリスクが顕在化した場合には、ベンダの善管注意義務違

62　なお、契約上の役割分担はあくまで契約履行過程の義務を基礎づけるものであるが、
　プロジェクトマネジメント義務は、契約締結前の交渉段階でも発生し得るとされる。
　東京高判平成 25 年 9 月 26 日金商 1428 号 16 頁では、契約締結前の企画・提案段階に
　おけるベンダのプロジェクトマネジメント義務として、自ら提案するシステムの機
　能、ユーザのニーズに対する充足度、システムの開発手法、受注後の開発体制等を検
　討・検証し、そこから想定されるリスクについて、ユーザに説明する義務が認められ
　ている。

反（プロジェクトマネジメント義務違反）となるおそれはあると考えられる。

　他方、ユーザの義務を定める IPA モデル契約 4 条では、1 項において「本件業務が円滑に行われるよう、スクラムチームに対する情報提供及び必要な意思決定を適時に行う」義務が定められた上、3 項において、ユーザが選定するプロダクトオーナーの役割として、次の内容が定められている[64]。

① スクラムチームに対して開発対象プロダクトのビジョンや意義を示し、開発対象プロダクトの価値を最大化するよう努めること

② プロダクトバックログの作成及び優先順位の変更を行うこと

③ 別紙 5 項記載の会議体のうち、出席を要するものに出席すること

④ 開発対象プロダクト（開発途中のものも含む。）に対するステークホルダー（開発対象プロダクトの利用者、出資者等の利害関係者）からのフィードバックを提供すること

⑤ 開発対象プロダクトの完成確認及びプロダクトバックログに含まれる個々の要求事項の完了確認を行うこと

⑥ 本件業務を遂行するために乙が必要とする情報提供及び意思決定を適時に行うこと

⑦ 本件業務が円滑に遂行されるよう、ステークホルダーとの調整を行うこと

　これらは一般的にユーザの協力義務として観念され得るものであり、例えばベンダがプロジェクトの阻害要因として、ユーザの要求事項が明確でなく、結果としてプロダクトバックログの内容が不十分になっているために開

63　スクラムのフレームワーク上、スクラムマスターは、開発者の上位に立って指示を出すプロジェクトマネージャーとは異なり、開発者と対等の立場とされているため、スクラムマスターの作為・不作為が「プロジェクトマネジメント義務違反」となることに違和感があるかもしれないが、ソフトウェア開発に関する専門知識とノウハウを持ち、プロジェクトにおけるリスクを早期に把握し、対応をすることが求められるベンダがスクラムマスターを選定しているのであれば、スクラムマスターの任務懈怠はベンダの責任になると考えられる。他方、スクラムマスターをユーザが選定しているような場合は、具体的な事情に照らし、ユーザの方がリスク要因の把握と対応ができたということであれば、ユーザの責任となると考えられる。

64　ウォーターフォール開発と比較すると、アジャイル開発の場合、ユーザ企業の協力義務は、プロダクトオーナーという役割があるために重くなっているといえる。

発を行えないといった問題を指摘し、明確化のための助言をしたにもかかわらず、ユーザ（プロダクトオーナー）が対応（必要な情報提供やステークホルダーとの調整）をしなかったため、プロジェクトが停滞したような場合には、ユーザ側の協力義務違反による停滞として、ベンダの善管注意義務違反（プロジェクトマネジメント義務違反）は認められないことになる。

　ある問題が発生した際に、こうした契約上の役割分担を参照しても、ベンダとユーザのどちらの責任か明確でないような場合は、いずれの当事者が、その問題が生じるリスクを事前に把握し、対応をすることができたかが検討されることになると考えられる。その場合、やはりリスクの事前把握は、（ユーザの業務の特殊性等に由来するものなど、事前にユーザから情報提供されなければ認識し得ないものでなければ）通常はソフトウェア開発に関する専門知識とノウハウを有するベンダ側に第一次的な責任があり、ベンダが自らの役割を果たしていたにもかかわらず、ユーザ側が対応していなかった場合には、ユーザ側の責任になるといった考え方がとられやすいように思われる[65]。

　ただ、ユーザ側にもソフトウェア開発に長けた人材がおり、開発チームがユーザとベンダの混成であるような場合、その責任の所在の判断は難しくなるだろう。

　　ウ　**B　ユーザ側も開発に深くコミットしているため、進捗管理等の問題についてベンダ側が責任を問われる場合は少なくなると考えられること**

　アジャイル開発においては、ユーザ側のプロダクトオーナーが、プロダクトバックログの管理を通じて要求事項や開発対象をコントロールしているほか、各種スクラムイベント（会議）に参加して進捗を把握したり、開発された機能のデモを見たりするなど、ユーザ側も開発プロセスに深くコミットしている。また、アジャイル開発におけるプロジェクトマネジメントは、上記のとおり、プロダクトオーナーを含むスクラムチームにおいて行われるもの

65　アジャイル開発に特化したものではないが、前掲注60　森・濱田松本法律事務所編
　　『企業訴訟実務問題シリーズ　システム開発訴訟（第2版）』144頁参照

である。そのため、ウォーターフォール開発ではベンダのプロジェクトマネジメント義務として問題となる、プロジェクトの進捗状況の適切な管理については、（少なくともウォーターフォール開発と比較すれば）ベンダが責任を問われる場面は少なくなると考えられる。

エ　C　要求事項の追加・変更を許容するため、要求の追加・変更を抑える義務は生じにくいと考えられること

ウォーターフォール開発では、要件確定後や仕様凍結後に、ユーザが度重なる変更要求を行うことは大きな問題であり、要求を抑えるべきという意味でのユーザの協力義務や、変更要求のリスクについてユーザに説明して要求の撤回等をするよう説得すべきという意味でのプロジェクトマネジメント義務が生じる。

しかし、アジャイル開発において、ユーザの変更要求は、ユーザが真に必要としているものへの接近として、基本的には歓迎される。変更要求が、当初想定したプロジェクトのスコープを超えるようなものであったり[66]、大幅な変更により開発期間が延びてスケジュール上の期限に遅延するリスクがあるのであれば、ベンダからその旨指摘すべきであるが、ユーザがそのことを理解した上でもなお変更を求めるのであれば、要求を抑える方向でのそれ以上の義務は生じないと考えられる。

オ　小括

以上のように、アジャイル開発は、プロジェクトマネジメント義務と協力義務の内容が比較的明確であること、ユーザ側もプロダクトオーナーを通じてプロジェクトマネジメントの一端を担っていることからすると、ウォーターフォール開発と比べて、アジャイル開発のベンダはプロジェクトマネジ

66　ユーザの真のニーズに対応したプロダクトを開発するのがアジャイル開発の目的であることから、当初想定していたスコープを超える変更であっても、ユーザが真にそれを望むのであれば、ベンダとして当該変更を抑える必要はなく、（スコープが契約上明記されている場合には、契約変更等を行うなどして）柔軟に対応してもよいと考えられる。もちろん、ベンダとしては、当該変更に伴うベンダの追加稼働に対してユーザから対価が支払われることを前提とすべきである。

メント義務違反を問われにくいようにも思われる。

　しかし、アジャイル開発は、開発対象について明確なビジョンを持って、それに従い適切に要求事項を管理しながら開発を進めていかなければ、プロダクトの方向性を誤ったり、開発がうまく進まないなど、投資に見合った価値を得られないリスクも高い。

　開発対象とする要求事項の管理は、プロダクトオーナーが担うものの、プロダクトオーナーが不慣れであったり、十分な知識がない場合には、やはりベンダ側でプロダクトオーナーに対して適切な助言を行って、導いていくことが求められるだろう。その意味では、契約上、プロダクトオーナーの役割として規定されている内容であっても、プロダクトオーナーがうまくハンドリングできていないのであれば、ベンダはプロダクトオーナーに対して助言・サポートを行うことが求められるほか、プロダクトオーナーの交代やプロダクトオーナー補佐の選定を要するような状況であれば、スクラムチーム外の責任者へのエスカレーションを行うべきであり[67]、何ら対処せず問題を放置した場合には、ベンダの責任が問われるおそれがある。

7　下請法

　ソフトウェア開発の外部委託契約が下請法の適用対象となる場合（例えば、資本金が一定額以上のソフトウェア開発業者が、エンドユーザに提供する予定のアプリケーションや、顧客から開発を請け負ったソフトウェアの開発の一部を、資本金が一定額以下の他のソフトウェア開発業者に委託する場合など）には、委託元となる事業者（親事業者）は、下請事業者保護のための様々な義務や禁止事項の対象となる。

　経済産業省の「情報サービス・ソフトウェア産業における下請適正取引等の推進のためのガイドライン」[68]では、アジャイル開発に関し「アジャイル開発手法を用いる開発業務は、従来のウォーターフォール型の開発業務とは

67　IPA モデル契約 7 条の問題解消協議はこうしたエスカレーションを要する場面を想定している。

異なる方法で進められ、ユーザーとベンダが一対一で開発していくケースが多い。しかし、一部、ベンダ同士の取引において、下請法の適用対象となることもあり得る」とされており、当然ながら、アジャイル開発の外部委託の場合も、下請法の適用があり得ることが示されている。

　また、同ガイドライン46〜47頁では、「アジャイル開発に当たっての留意点」として、次の点を挙げている。

●アジャイル開発の場合、短期間の小規模開発（イテレーション）を複数サイクルにわたり反復するなど仕様を柔軟に変更しながら開発していくことが前提となるが、下請法の適用を受ける取引においては、親事業者が、下請事業者に当初の仕様と異なることを行わせたり、やり直しを行わせたりすることによって新たに費用が発生する場合（下請事業者に責任がないのに下請事業者に当初示した回数を超えてイテレーションの回数を増やし、下請事業者の給付を受領する期日を過ぎてイテレーションを実施させる場合など）に、親事業者がその費用を負担しないときは、不当な給付内容の変更・やり直しとして下請法に違反することとなる。

●発注時点で給付の内容（仕様）を詳細に3条書面に記載することが困難な場合もあろうが、給付の内容を下請事業者が理解できるように可能な限り明確に記載する必要がある。一方、当初、給付の内容を定められなかった場合には、給付の内容が確定した後、直ちに補充書面を交付する必要がある（このような発注は、給付の内容が定められないことについて正当な理由がある場合のみ認められる。）。また、給付の内容を変更した場合はその内容及び理由を5条書類に記載し、保存する必要もある。また、取引の実態から見て新たな委託をしたと認められる場合には、3条書面を改めて交付する必要がある。

68　経済産業省「情報サービス・ソフトウェア産業における下請適正取引等の推進のためのガイドライン」（平成31年3月改訂）20頁
　https://www.chusho.meti.go.jp/keiei/torihiki/guideline/06_info-services_soft.pdf

●下請法の適用を受けないものであっても、ユーザとベンダ間で、又はベンダとベンダ間で、情報ツールも活用するなどして業務に関するコミュニケーションを密に取り合い、各サイクルにおける仕様を可能な限り明確にするとともに、お互いにそれを理解しておく必要がある。

　このうち 1 点目は、特に請負の場合において、下請事業者に追加の対価を支払うことなく大幅な仕様変更を行ったり、納品後に対価の支払なくリファクタリングや機能改修をさせたりするような行為が問題になる（また、準委任の場合でも、対価の支払なく追加作業を要請すると問題になり得る）と考えられる。

　また、3 点目は、アジャイル開発では全体仕様が不確定な中で開発を進めていくという特徴はあるものの、少なくとも各イテレーション（スプリント）において開発対象とする機能の仕様については、受注者が不利益を被らないよう、可能な限り明確化し、共通理解を得ておくべきことを示したものと考えられる。

　2 点目については、下請法上親事業者に要求される、発注時の書面交付義務（同法 3 条に定めのある、いわゆる「3 条書面」の交付義務）と、発注後の書類保存義務（同法 5 条に定めのある、いわゆる「5 条書類」の作成・保存義務）に言及するものである。

　3 条書面は、下請法 3 条により親事業者から下請事業者に対して交付義務を負う書面であり、給付内容、下請代金の額、支払期日、支払方法、その他の事項を記載する必要がある（同法 3 条 1 項、3 条書面規則[69] 1 条）。このうち給付内容については、特にアジャイル開発の場合、業務委託の時点では納品する開発対象の詳細が決まっていない場合もあるが、同ガイドラインは、給付の内容を下請事業者が理解できるように可能な限り明確に記載する必要があるとする[70]。当初の業務委託の時点において給付の内容を定められない場合、下請法 3 条 1 項但書では、「その内容が定められないことにつき正当な

69　下請代金支払遅延等防止法第 3 条の書面の記載事項等に関する規則

理由があるもの」は、その記載を要せず、内容が定められた後直ちに、当該
事項を記載した書面（補充書面）を下請事業者に交付することとされてい
る。もっとも、この場合、3条書面においては、給付内容の項目において、
「内容が定められない理由」「内容を定めることとなる予定期日」を記載しな
ければならない（3条書面規則1条3項）。「内容が定められない理由」は簡潔
に記載すればよく、例えば、「ユーザが求める仕様が確定していないため」
といった記載でよいとされている[71]。

　また、一旦定めた給付内容を変更する場合には、5条書類に記録する必要
があるが、ソフトウェア開発のように、親事業者と下請事業者が個々に打ち
合わせをしながら給付内容を確定していく場合は、「個々の作業指示を全て
記載する必要はないが、少なくともそれにより下請事業者に下請代金の設定
時には想定していないような新たな費用が発生する場合には、その旨記載し
保存しなければならない」とされている[72]。

　アジャイル開発の外部委託に下請法が適用される場合における書面交付義
務・書類保存義務については、給付内容を開発対象（プロダクト又は個別の
機能）とするか、開発支援業務とするか、また、それらをどの程度詳細に記

70　給付内容をどの程度詳しく記載する必要があるかについては、公正取引委員会・中小
　　企業庁「下請取引適正化推進講習会テキスト」
　　https://www.jftc.go.jp/houdou/panfu_files/shitauketextbook.pdf
　　31頁（Q34）にも同様の説明があり、「下請事業者が3条書面を見て『給付の内容』を
　　理解でき、親事業者の指示に即した情報成果物を作成できる程度の情報を記載するこ
　　とが必要」とされている。なお、納品する開発対象（プロダクト）でなく、ソフト
　　ウェア開発支援業務を給付内容とする場合について、同テキスト22頁（Q17）では、
　　「コーディング作業等のシステム開発支援業務に係る恒常的な業務委任契約（特定の情
　　報成果物の作成ではなく、発注者の社内に常駐して様々な情報成果物の作成業務を行
　　う。）を結ぶ場合」について、「3条書面上の『給付の内容』を個別プログラムごとに
　　記載できないという場合には、『システム（ソフトウェア）開発支援業務』等と記載す
　　れば足りる」とされている。但し、この場合には、下請法2条の2第1項の下請代金
　　の支払期日に関する規制（給付受領の日から60日以内）との関係で、「業務と同時並
　　行的に親事業者のコンピュータに記録される瞬間に受領が発生しているので、1か月
　　締切制度の場合には締切後30日以内に支払期日を定める必要がある」とされる。
71　前掲注70　講習会テキスト29頁
72　前掲注70　講習会テキスト37頁（Q49）

載するか、委託後に給付内容に変動が生じる場合にどこまで記録するか等、案件や契約の内容を考慮して対応を検討する必要がある。

　IPAモデル契約のように、一定期間の業務に対して対価を支払う準委任契約の場合、3条書面[73]において定める給付内容は特定のプロダクトや機能でなくソフトウェア開発支援業務とし、契約期間中日々給付が行われているという前提で定期的に支払期日を設定（常に稼働から60日以内に支払われるよう、月末締め翌月払いとするなど）する方法をとることも考えられる。

　なお、前掲注29秦泉寺＝神＝村本「アジャイル開発推進を目的とした発注側企業における準委任契約制度の設計」では、親事業者から下請事業者に対し、1本の準委任契約でアジャイル開発の外部委託をするものの、下請事業者が行う具体的な業務内容については、一定期間（例えばスプリント）ごとに受発注者間の合意のもとで3条書面の要件を満たす個別業務指示書[74]により特定し、それに従って業務を行うという方法の実践が紹介されている。

第3　アジャイル開発に関する裁判例

　公開されているものを見る限り、アジャイル開発に関する裁判例は少なく、また、当事者の主張や判決において「アジャイル開発」という文言が出てきていても、真の意味でのアジャイル開発が行われていたかどうかは疑わ

73　契約書の内容が3条書面の具体的な必要記載事項を全て網羅していれば、契約書を3条書面として扱うことができる（前掲注70　講習会テキスト30頁（Q29））。もっとも、IPAモデル契約はそのまま3条書面の代替として用いられることを想定していないため、もしそのように使うのであれば、少なくとも給付を受領する場所（ベンダが役務を提供する場所）を追記し、別紙の支払期日を給付受領の日（日々の役務提供）から60日以内となるよう設定した上、何が3条書面でいう給付内容にあたるのか明確にするなどの調整を加える必要があると思われる。

74　給付内容の記載としては、「分析・検討・設計、コーディング、検証、環境構築、文書作成、不具合対応、会議体などの典型的な作業項目をあらかじめ作業カテゴリとして定義し、機能名と作業カテゴリによって『○○機能の検証作業』などの明確な作業指示を行った」とのことである。また、個別の業務内容を受発注者間での合意のもとで定めることは、偽装請負のリスクを低減する意味がある。前掲注29　13頁

しい例が多い。もっとも、その中にはアジャイル開発の契約や履行に関する具体的な紛争事例として参考になるものもあるため、以下、いくつかの裁判例を紹介することとしたい。なお、引用した判決文中の下線は、いずれも引用者によるものである。

1　アジャイル開発におけるドキュメント作成の扱いに関する事例

【裁判例1】 東京地判平成24年5月30日ウエストロー・ジャパン2012WLJPCA05308009

ベンダが、アジャイル開発であるためドキュメントを作成していないと主張したのに対し、裁判所は、アジャイル開発であってもシステム保守のためには最低限のドキュメントの作成は必要なはずと判断した事例

■事案

ベンダがシステム開発を受託し、履行したとして委託料を請求したが、裁判所は、ベンダによる履行の実態がなく、開発委託契約自体が虚偽表示であり無効と判断し、ベンダの請求を棄却した。

ベンダからシステム開発に必要なドキュメントが一切提出されていない点について、ベンダは「アジャイル・ソフトウェア開発における、エクストリーム・プログラミングの手法を用いて開発しているから、ドキュメントがないことは不合理ではない」と主張した。

しかし、裁判所は、「アジャイル・ソフトウェア開発は従来のソフトウェア開発手法とは異なり、余計な成果物や手順を排除した軽い手法を目指すものであるが、その目的はユーザーに価値をもたらし、かつ、動作が保証されたソフトを超高速で実現するというものであるから、<u>アジャイル・ソフトウェア開発を採用したことが直ちにドキュメントを省略したことの合理的な説明となるとは考えられない</u>。また、エクストリーム・プログラミングは、開発リスクを早期に軽減することに主眼をおき、一回のイテレーション（開発サイクル）で開発する機能（ストーリー）をユーザーが選び、そのストー

リーをプログラムとして実現していくという作業を繰り返すというものであり、本件において、原告と被告との間で、ドキュメントを省略することを選択したと認められる証拠もない。ドキュメントが作成されなければ、プログラムを開発した担当者が退社などした場合を考えると、「○○サークルシステム要件定義書」、「○○サークルポイントシステム要件定義書」、「タイムライン」、「チケット一覧」、「チケット」、「チェンジセット」などから、直ちにシステムの保守ができるのか疑問であり、最低限のドキュメントが必要であると考えられるところ、本件において最低限のドキュメントが存在するとはいえない。原告代表者は、ホワイトボードにメモを書きながらシステム開発を行ったと供述するが、これを裏付ける証拠もない」として、ベンダの主張を認めなかった。

■コメント

　裁判所は、アジャイル開発（エクストリーム・プログラミング）の特徴をふまえると、アジャイル開発だからといって直ちにドキュメントを省略することにはならず、本件におけるシステムの保守のためには最低限のドキュメントが必要であると判断した。

　もともと契約自体に実態がないと認定された特殊な事例ではあるが、アジャイル開発ではドキュメントは作成されないという言い訳は通用しないことを示した裁判例といえる。

【裁判例2】東京地判平成26年9月10日ウエストロー・ジャパン2014WLJPCA09108013

　ベンダが、アジャイル開発であるためドキュメントは作成されないと主張したのに対し、裁判所は、アジャイル開発でもテスト結果を記録した書面やユーザ側の確認をとったことの記録はあるはずと判断した事例

■事案

　ベンダがユーザからシステム開発を請け負い、完成させたとして委託料を請求したが、裁判所は完成を認めず、請求を棄却した。

　ベンダは、画面イメージを提出しただけで、プログラム本体はもとより、要件定義書、基本設計書、テスト結果報告書なども提出しなかった。裁判所は、「要件定義書や基本設計書が作成されていない理由について、A（引用者注：ベンダの代表者）は、ウォーターフォール方式ではなくアジャイルという開発手法をとったためである旨供述するが（原告代表者）、仮にそうだとしても、システムが完成したのであれば、少なくともそのテスト結果を記録した書面や被告側（引用者注：ユーザ側）の確認をとった旨記載された書面等は作成されるはずであり、E（引用者注：ベンダの営業担当者）及びAは、そのような書面が作成されていない合理的な理由について説明していない」ことを理由の一つとして挙げ、ベンダによるシステムの完成を認めなかった。

■コメント

　裁判所は、アジャイル開発の場合でも、（要件定義書や基本設計書は作成されないかもしれないが）テスト結果を記録した書面やユーザ側の確認をとった旨記載された書面等は作成されるはずと判断した。上記（64頁）のとおり、アジャイル開発では、各スプリントにおける自動化されたテストのほか、完成確認前にある程度まとまった内容のテスト（受入テスト等）を実施することが多く、そうしたテストを実施した場合には記録が残るはずである。ベンダとしては、テストを実施・完了した場合には、記録に残る形でユーザの確認を得ておくべきである。

2　成果報酬型収益分配モデルで開発を進めたがサービス開始に至る前に頓挫した事例

【裁判例3】 東京地判平成30年2月27日ウエストロー・ジャパン2018WLJPCA02278037
　ベンダが成果報酬型収益分配モデルでアジャイル開発を行ったものの、開発が途中で頓挫したため、それまで稼働した分について報酬請求をしたが、裁判所は請求を認めなかった事例

■事案

　ベンダがユーザからシステム開発を受託し（但し、契約書は作成されていない）、開発を行ったとして、報酬（又は契約締結上の過失による損害賠償）を請求したが、裁判所はシステムがいまだサービス提供できる状態に至っていないとしてベンダの請求を棄却した。

　本件では契約書は作成されなかったが、ベンダがユーザに対してアジャイル開発を用いた開発を提案したことについて、ユーザは、契約書のドラフトを後日送ること、ユーザがベンダに開発を発注してベンダが請け負う形式とすること、成果報酬型収益分配モデルとすること、算定基準収益の15％から20％をベンダに支払うこと、各システムの開発期間は最終期限のみ合意すること、開発はスクラム（アジャイル）方式で、スプリントのサイクル及び進捗は都度確認して合意すること、開発システム数は10件を上限とすること、契約期間は5年として両社の合意により自動的に更新が可能とすること、収益分配期間は開発総コストの回収にかかる期間又は契約期間の長い方とすること、ベンダ関係者に対してストックオプションを付与すること等を連絡していた。このような当事者間のやりとりに基づき、本件ではベンダが「開発するシステムに基づくサービスが開始されることにより得られる収益を分配することにより開発に要した費用を回収して利益を上げることを前提に、システム開発を行っていた」と認定されている。

　しかし、実際の開発では、ベンダは、各スプリントにおける進捗目標を達することができず、開発が滞り、リリース予定も数次にわたり変更されたものの、結局サービスを開始するまでに至らなかった。

　ベンダはユーザに稼働分の報酬を請求したが、「原告（引用者注：ベンダ）と被告（引用者注：ユーザ）との間で収益分配の比率等の詳細が詰められるに至ってはいなかったものの、原告が被告に提案し、被告がこれに応じたとおり、原告は、<u>開発するシステムに基づくサービスが開始されることにより得られる収益を分配することにより開発に要した費用を回収して利益を上げることを前提に、システム開発を行っていたのであるから、当事者のかかる合理的意思を前提とするならば、本件において商法512条に基づく報酬請求</u>

権が発生するには、原告が単に労力を投じたに止まらず、少なくとも、原告がシステムを開発し、被告がこれに基づきサービスを開始することができる状態に至ったことが必要というべきであるが、かかる状態には至らなかったことが認められる」として、ベンダの報酬請求を認めず、またユーザには契約締結上の過失もないとされた。

■コメント

　本件では、受託開発の前提として、成果報酬型収益分配モデルが採用されており、ベンダは開発したサービスの収益から開発費を回収することを見込んでいたと認定されたため、単にベンダが開発のために労力を投じただけでは報酬請求権は発生しないとされた。

　複数の当事者がプロダクトを共同開発し、そこから得られる利益を分配する方式[75]を用いる場合には、開発費用の負担をどうするか（ベンダの持出しで行うか、ユーザが一部負担するか）、収益化に至らなかった場合にどうするか等を事前に十分検討し、取り決めておく必要がある。

3　準委任契約において完成義務の有無と善管注意義務が争われた事例

> 【**裁判例4**】東京地判令和2年9月24日ウエストロー・ジャパン2020WLJPCA09248012
> 　ベンダが期限までにシステム開発を完了しないまま報酬を請求し、完成義務を負っていたか否かが問題となったが、裁判所は契約に至る経緯と契約書の内容から準委任契約と認定し、報酬請求を認めた（また、ベンダの善管注意義務違反も認定し、ユーザによる損害賠償請求も同時に認めた）事例

■事案

　ベンダはユーザからシステム開発を受託し、期限までに開発を完了できなかったものの、完成義務のない準委任契約であることを前提にユーザに対し

75　2011年に公表されたIPAの組合モデルの契約もこうした方式の一つといえる。

て報酬を請求した。ユーザは、仕様は確定しておりベンダに完成義務があっ
たと主張して争ったが、裁判所は、契約に至る経緯と契約書の内容から、準
委任契約と認定してベンダの報酬請求を認めた。他方で、ベンダの善管注意
義務違反も認定され、ユーザによる損害賠償請求（反訴請求）も同時に認めた。

　裁判所は、契約書に「本件契約が民法上の準委任契約として締結されるも
のであり、原告（引用者注：ベンダ）は、原則として成果物の完成について
の義務を負うものではない旨の定め」があったこと、「原告が開発に着手し
た時点で本件システムの仕様が明確でなかったことから、原告は、被告（引
用者注：ユーザ）に対し、請負契約ではなく準委任契約の形式で契約を締結
することを再三要求し、その結果、契約書に準委任契約とする旨が明記さ
れ、これに当事者双方が署名押印するに至っ」た事情があったことから、
ユーザも準委任契約とすることを承諾していたと認定した。そして、システ
ムが完成していなくても、契約上の事務を履行したとして、ベンダに報酬請
求権があるとした。しかし他方で、裁判所はベンダの善管注意義務について
検討し、ベンダは本件システムの開発に向けて必要となる作業項目及び作業
期間を明らかにした工程表を策定すべき立場にあり、「原告は、被告又はA
社（引用者注：ユーザとともに要件定義等を行っていた会社）から指示を受けた
業務を実施する義務にとどまらず、本件契約上の善管注意義務として、本件
システムの開発において必要となる作業の内容並びにその作業に必要となる
期間及び人員を把握し、適切な工程を示す義務を負っており、相手方から示
された仕様の内容が十分でなく、適切な工程を示すことが困難である場合に
は、仕様を確定する期限を定めるなどの具体的方策を講ずる義務を負ってい
た」として、ベンダが実現可能性のないスケジュールを提示していたことを
善管注意義務違反と認定し、ユーザによる損害賠償請求を認めた（なお、ベ
ンダがユーザとA社に対して、本件システムの詳細な仕様を確定させる必要があ
る旨を繰り返し伝えたにもかかわらず、ユーザがこれを早期に確定させなかった
ことが、本件システムの開発が遅延した原因の一つであったことも認定され、損
害賠償額が減額されている。）。

■コメント

　本件において、ベンダはもともと、「本件システムの開発が明確な仕様に基づくものではなく、開発人員数によるアジャイルな開発スタイルとなることから、準委任契約の形で契約したいとの意向」をユーザに伝えており、その後も同様の要請を繰り返した結果、準委任契約の形で契約が締結され、また契約上完成義務がないことが明記されていたことから、ベンダの完成義務は否定され、システムが完成していなくても、報酬請求が認められることとなった。

　しかし他方で、裁判所はベンダの善管注意義務を検討し、「本件システムの開発において必要となる作業の内容並びにその作業に必要となる期間及び人員を把握し、適切な工程を示す義務」、「相手方から示された仕様の内容が十分でなく、適切な工程を示すことが困難である場合には、仕様を確定する期限を定めるなどの具体的方策を講ずる義務」を認定し、ベンダがこれらを怠ったとして損害賠償義務を認めた。請負契約であれば、こうした義務はプロジェクトマネジメント義務として扱われたと思われるが、本件は準委任契約であることから、善管注意義務の一内容とされている。

　（本件が実態としてアジャイル開発であったのかは不明であるが）準委任契約の場合、ベンダは完成責任を負わないとしても、開発に必要な時間とリソースを見積もり、それを前提にした適切なスケジュールを示すといった、システム開発の専門家としての役割を果たさなければ、善管注意義務違反による損害賠償責任を負うことになる。

4　開発対象に関する合意が争われた事例

【裁判例5】東京地判平成29年11月21日ウエストロー・ジャパン
2017WLJPCA11218019
　ベンダが完成すべき成果物の内容が争われたが、裁判所は、当初作成された設計書ではなく別途ユーザの指示する仕様に従って成果物を完成させることが合意されていたとのベンダの主張を認め、完成を認めた事例

■事案

　ベンダが、ユーザから開発を請け負った成果物を完成させたとして、委託料を請求したところ、完成すべき成果物の内容が争点となったが、裁判所は、当初提示された設計書ではなく、別途ユーザの指示する仕様に従って成果物を完成させることが合意されていたとのベンダの主張を認め、委託料請求を認容した。

　本件では、ベンダが、ユーザの指示に従った製品を製作することを内容とするアジャイル開発プロセスにより、ゲームのα版、β版、プレイアブル版をそれぞれ完成させたと主張して委託料を請求したが、ユーザは、開発された成果物は当初ユーザがベンダに示したゲーム設計書の内容と異なっている等と主張し、完成を争った（なお、開発の過程において、当初冒険ゲームの要素が強かったゲームについて、アクションゲームの要素が強くなってくるなど、ジャンル自体に影響が出るほどの変更がなされていた。）。

　裁判所は、本件がアジャイル開発であるか否かについては触れなかったが、本件では、当初はゲーム設計書（詳細なものでなく概括的な内容を記載したもの）の内容に基づく開発が予定されていたものの、実際の製作過程において、ユーザと発注元のA社との協議により、ゲームの内容及び仕様自体が変化していったことに伴い、ベンダの開発対象をユーザが指示した内容を含む成果物に変更することの合意があったと認定し、（ゲームそのものは完成しなかったものの）開発を請け負った成果物の完成を認めてベンダの委託料請求を認容した。

■コメント

　本件が真にアジャイル開発といえるものであったのかどうかは明らかではないが、実態として開発対象に関するユーザの要求事項が変化しており、ベンダはユーザの指示に応じた成果物の開発を行う状況にあった。本件の契約は通常のソフトウェア開発請負契約であったようであり、ユーザの指示に応じて仕様を決めるという実態と契約との間に乖離があったため、開発対象となる成果物について争いが生じたと思われる。アジャイル開発を行うのであれば、当初からそのような要求事項の変更を前提とする開発プロセスにより

進める旨、契約で明確にしておくべきである。また、開発対象の決定・変更をユーザの指示に委ねるのであれば、固定価格での請負契約は特にベンダにとってリスクが大きいため、追加報酬を請求できる仕組みを入れるか、又は準委任契約とすることが望ましいといえる。

【裁判例6】東京地判令和3年9月30日ウエストロー・ジャパン2021WLJPCA09308022
　ベンダが既存ウェブサイトへの機能追加を請け負ったが、既存のウェブサイトと異なる開発言語を使って開発を行ったことが債務不履行とされ損害賠償責任が認められた事例

■事案
　ユーザがベンダに対してウェブサイトの開発（ユーザの既存ウェブサイトに、アジャイル方式で機能追加すること）を委託したが、ベンダが既存ウェブサイトと異なる開発言語を用いて開発を行ったほか、成果物に不具合が多く、かつユーザに対して虚偽の報告や説明をしていたことから、ユーザがベンダの債務不履行及び不法行為を主張して損害賠償を請求し、裁判所がその一部を認めた事案。
　本件では、既存ウェブサイトがReactJSを用いて開発されていたにもかかわらず、ベンダはLaravelを用いて追加機能の開発を行った。ベンダは、本件がアジャイル開発であるため開発言語の拘束はなかったと主張したが、裁判所は、ユーザが当初から既存ウェブサイトにReactJSが用いられていることをベンダに伝えており、その後も当事者間でReactJSを使用することを前提としたやりとりがなされていたこと、開発着手後に後追いで作成された契約書に、使用技術としてReactJSなどが明記される一方、Laravelについては明記されていないこと、プログラミング言語を無断で変更するとその後の保守に支障を来すことが容易に想定されること等から、ベンダはReactJSを使用する義務を負っていたのにそれを怠ったと認めた。

■コメント

　ベンダは、アジャイル開発であることを理由に、開発言語の拘束はなかったと主張したが、裁判所はこうした主張を認めないばかりか、むしろ「本件契約がアジャイル方式を採用しており、顧客の要望を素早く反映しながら開発することを予定」していたのであれば、（本件が既存ウェブサイトの機能拡張を行うものであることから）なおさら既存ウェブサイトが用いていた ReactJS を使用すべきであったことを示唆している。

　アジャイル開発であっても、開発に用いる言語やフレームワークについては、事前に協議し、合意しておくべきである。なお、IPA モデル契約に付属する「契約前チェックリスト」では、チェックポイントとして「プロジェクトの基礎設計が行われているか」という項目があり、「プロジェクト開始にあたり、アジャイル開発を実施するために、代表的な初期の要求事項とアーキテクチャの分析／設計及び開発環境の設計を行うべき」とされている。こうしたチェックリストを活用するなどして、契約前に開発に必要な事項を漏らさず取り決めておくことが望ましい。

【裁判例 7】東京地判令和 3 年 11 月 25 日ウエストロー・ジャパン 2021WLJPCA11258010
　契約において業務対価が固定されている場合には、ユーザが希望する仕様をベンダに伝えたとしても、その指定がそのまま仕様として確定するわけではないという理解を前提に、開発が頓挫した原因は、ユーザが（業務対価に応じた内容に）要求事項を絞り込まず仕様を確定させなかったことにあると判断された事例

■事案

　ユーザがベンダに対しソフトウェア開発業務を請負契約で委託したが、ベンダは機能し得ないソフトウェアしか開発できず、納期も大幅に遅延したとして、契約を解除し損害賠償を請求したところ、裁判所は、問題の原因はユーザが要求事項を絞り込まず仕様を確定させなかったことにあるとしてベ

ンダの責任を否定し、ユーザの請求を棄却した。

　開発対象はゲーマー向けソーシャルアプリであったが、仕様の作成にあたっては、従前作成されていた設計書には依拠せず、アジャイル型の開発で、ベンダからユーザに質問点を聞きつつ、ユーザに個別の仕様を提示してもらうことになっており、契約締結にあたって開発対象の仕様があらかじめ確定していたわけではなかった。

　ベンダとユーザは開発を実施したが、ユーザが機能を盛り込み過ぎて、予算上開発が困難な状況となったため、ベンダはユーザに対し、機能を絞った上でブラッシュアップフェーズを設けて開発をすべきとの意見を述べた。

　この点について裁判所は、ユーザとベンダが請負契約で「業務対価については合意する一方、本件ソフトウェアの仕様については確定しないまま本件契約を締結していることからすれば、その後の本件ソフトウェアの仕様の確定に当たっては、実装作業に伴う費用が業務対価に見合うよう、仕様または追加の業務対価を調整する必要があることが予め想定されていたというべきであり、単に原告（引用者注：ユーザ）がその希望する仕様を被告に伝達すれば、それをもって本件ソフトウェアの仕様が確定するというものであったとは認め難い」と判断し、ユーザが求める仕様がそのまま開発対象として確定していたわけではないとしている。

　ベンダの上記意見を受け、ユーザは目指すサービスについて迷いがある旨表明したものの、方針を決めなかったため、ベンダはユーザの方針が決まるまで一旦チームを解散する旨を伝え、その後改めて打ち合わせが行われた。しかし、結局ユーザは機能を絞らず、ブラッシュアップフェーズも設けないまま、ベンダに対して本件ソフトウェアの開発を求めたため、開発が暗礁に乗り上げた。そのため、裁判所は、本件ソフトウェアが完成しなかったのは、原告が本件契約に係る業務対価の範囲内で本件ソフトウェアの機能を絞らず、本件ソフトウェアの仕様を確定させなかったことが主要な要因であるとして、ベンダの責任を否定した。

　納品遅延については、「本件ソフトウェアの開発はアジャイル型の開発が企図され、本件契約の締結に当たっては、本件ソフトウェアの完成時期は原

告担当部分の進捗によって影響を受ける旨が確認されていた」こと、ベンダが送付した仕掛品をユーザが途中経過として容認していたこと、ベンダとしてはブラッシュアップフェーズを設け、追加開発の予算を設けた上で、本件ソフトウェアの開発を進める必要がある旨をユーザに伝達していたことから、裁判所は、本件ソフトウェアの納品期限は当初の期日から変更されており、追加開発の予算を設けた上で改めて設定される予定であったと認定し、ベンダによるソフトウェア開発業務の履行遅滞はないと判断した。

■コメント

　本件では、業務対価固定の請負契約で、ユーザが提示する仕様に従いアジャイル開発を行うことが合意されていた。このような契約を形式的に見れば、ユーザの要求事項の全部を固定価格で開発しなければならず、ベンダにとって極めてリスキーであるが、裁判所は、契約内容を合理的に解釈し、業務の対価が固定であることからすれば、ユーザが一方的に仕様を示したとしても、それだけで仕様が確定するわけではないとした。もっとも、裁判所が常にこうした解釈をしてくれるとは限らないため、ベンダとしては、このような請負契約でアジャイル開発を行うのは避けるべきであろう。

　また、裁判所は、履行遅滞の文脈において、アジャイル開発ではユーザ側担当作業の進捗がソフトウェアの完成時期に影響することを認めている。アジャイル開発の場合は、ユーザ側での要求事項の検討・決定状況がスケジュールに直接影響するとの理解を示したものと考えられる。

第4章

アジャイル開発と偽装請負

　本章では、アジャイル開発における懸念点として扱われ
ることの多い偽装請負問題について、厚生労働省が公表し
ている疑義応答集等を参照しつつ解説する。

第1　いわゆる偽装請負とそのペナルティ

1　アジャイル開発における密なコミュニケーション

　アジャイル開発は、ユーザの要望を反映した、ユーザにとって真に価値の
あるプロダクトを開発するためのものであり、既に述べてきたとおり、プロ
ダクトオーナーが管理するプロダクトバックログに基づいて開発対象を決
め、ユーザのフィードバックを得ながら改善や機能追加を行う。また、ア
ジャイル開発では、個々の案件やスクラムチームに合わせて、よりよい開発
の進め方を常に模索することが推奨されており、スプリントレトロスペク
ティブ（スプリントでの活動のふりかえり）などの機会に開発の進め方につい
て議論するなどして、自律的に改善を行っていくことが想定されている。

　このことから、ユーザが要求事項の内容や詳細を開発担当者に伝えたり、
開発担当者間で開発手法について議論したりする必要があり、開発担当者と
ユーザ、開発担当者間での密なコミュニケーションは、アジャイル開発に
とって非常に重要といえる。

　こうした密なコミュニケーションは、内製であれば問題はないが、ユーザ
が開発を外部ベンダに委託し、開発チームの全体や一部を外部ベンダの人員
が担当する場合には、いわゆる偽装請負が問題となり得る。

2　偽装請負とは

　偽装請負とは、形式上は請負や準委任など、労働者派遣契約以外の契約を
締結しておきながら、実態としては発注者が受注者の雇用する労働者に対し
て直接具体的な指揮命令をして作業を行わせているような場合をいう（な
お、偽装「請負」と呼ばれているが、請負に限らず、準委任その他の業務委託契
約も対象となることに注意されたい。）。これはすなわち、自らが雇用する労働
者を第三者に使用（指揮命令）させる場合には、労働者派遣制度を用いなけ
ればならない、ということを意味する。

　形式的には請負契約や準委任契約を締結していても、偽装請負と評価され
る場合には、発注者、受注者、受注者の労働者の関係は、労働者派遣法2条

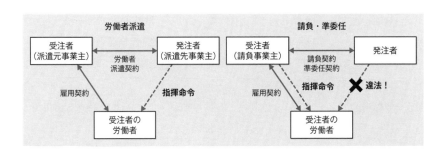

1 号にいう労働者派遣をしたものと扱われる。その結果、もし受注者が同法
5 条 1 項の許可を得ていなければ、無許可の罰則の対象（1 年以下の懲役又は
100 万円以下の罰金。同法 59 条 2 号）となり、許可を得ていたとしても、適式
な派遣契約を締結して派遣を行っていないことから、派遣元事業主としての
義務を履行していないとして、当局による指導、勧告、改善命令、事業停止
命令、許可取消しや罰則（適切な管理台帳の作成がない場合等、30 万円以下の
罰金。同法 61 条 3 号）の対象となるおそれがある（なお、受注者の雇用する労
働者でなく、受注者の業務委託先を発注者に使用させた場合など、自らが雇用し
ない労働者を第三者に使用させる場合は、違法な労働者供給として職業安定法 44
条違反となる。受注者が第三者から派遣を受けた派遣労働者を発注者に使用させ
た場合（二重派遣）も同様に同条違反となる。）。

　他方、発注者も、偽装請負の場合には、派遣を受け入れたものとして扱わ
れる。その結果、許可のある事業主以外からの派遣を受け入れることの禁止
に違反し（労働者派遣法 24 条の 2）、また派遣先事業者としての義務を果たし
ていないため、当局による指導、勧告、公表や罰則（適切な管理台帳の作成
がない場合等、30 万円以下の罰金。同法 61 条 3 号）の対象となるおそれがあ
る。さらに、同法 40 条の 6 第 1 項 5 号に基づき、労働契約申込みみなし制
度が適用され、受注者の労働者に対し、発注者から労働契約の申込みをした
ものとみなされるおそれがある。

　労働契約申込みみなし制度とは、一定の違法派遣について、派遣先（発注
者）が派遣労働者に対して直接雇用の申込みをしたものとして取り扱うもの

であり、派遣労働者が派遣先（発注者）に対して当該申込みを承諾する旨の意思表示をしたときは、派遣先（発注者）は当該労働者を雇用しなければならないことになる。偽装請負の場合、労働者派遣法や労働基準法等の規定の適用を免れる目的（脱法の意図）で、労働者派遣契約以外の名目で契約が締結された場合に、このみなし制度が適用され得る（同法 40 条の 6 第 1 項 5 号）。このような目的が要件として特に付加されていることからすれば、客観的に偽装請負の状態が生じたというだけでは同号は適用されない。しかし、積極的な脱法の意図が指示や発言の形で外部に示されていた場合や、明らかに指揮命令と評価できる関与が日常的・組織的に行われ、そのことを会社上層部も認識・認容していた場合、また、正式な契約書以外に、実態として労働者派遣であることを裏付ける覚書等の文書がある場合等には脱法の意図が推認され得る[1]。

1　鎌田耕一＝諏訪康雄編著　山川隆一＝橋本陽子＝竹内（奥野）寿著『労働者派遣法第 2 版』（三省堂、2022）341 頁
　　なお、脱法の意図について、東京地判令和 2 年 6 月 11 日労判 1233 号 26 頁は、「労働者派遣法 40 条の 6 第 1 項 5 号が、同号の成立に、派遣先（発注者）において労働者派遣法等の規定の適用を「免れる目的」があることを要することとしたのは、同項の違反行為のうち、同項 5 号の違反に関しては、派遣先において、区分基準告示の解釈が困難である場合があり、客観的に違反行為があるというだけでは、派遣先にその責めを負わせることが公平を欠く場合があるからであると解される。そうすると、労働者派遣の役務提供を受けていること、すなわち、自らの指揮命令により役務の提供を受けていることや、労働者派遣以外の形式で契約をしていることから、派遣先において直ちに同項 5 号の「免れる目的」があることを推認することはできないと考えられる」とする。
　　また、大阪高判令和 3 年 11 月 4 日労判 1253 号 60 頁は、（労働者派遣法 40 条の 6 第 1 項 5 号に）「偽装請負等の目的という主観的要件が特に付加された趣旨に照らし、偽装請負等の状態が発生したというだけで、直ちに偽装請負等の目的があったことを推認することは相当ではない。しかしながら、日常的かつ継続的に偽装請負等の状態を続けていたことが認められる場合には、特段の事情がない限り、労働者派遣の役務の提供を受けている法人の代表者又は当該労働者派遣の役務に関する契約の契約締結権限を有する者は、偽装請負等の状態にあることを認識しながら、組織的に偽装請負等の目的で当該役務の提供を受けていたものと推認するのが相当である」とする。

偽装請負に対するペナルティ

偽装請負の受注者 （派遣をしたものと扱われる事業主）	・労働者派遣事業の許可がない場合、無許可の派遣として罰則の対象（1年以下の懲役又は100万円以下の罰金。労働者派遣法59条2号）となるおそれ ・労働者派遣事業の許可がある場合、労働者派遣契約の締結や派遣就業条件の明示がなく、派遣元事業主としての義務も果たしていないため、当局による指導、勧告、改善命令、事業停止命令、許可取消しや罰則（適切な管理台帳の作成がない場合等、30万円以下の罰金。同法61条3号）の対象となるおそれ
偽装請負の発注者 （派遣を受け入れたものと扱われる事業主）	・許可のある事業主以外からの派遣を受け入れることは禁止されており（同法24条の2）、また派遣先事業者としての義務を果たしていないため、当局による指導、勧告、公表や罰則（適切な管理台帳の作成がない場合等、30万円以下の罰金。同法61条3号）の対象となるおそれ ・労働契約申込みみなし制度（同法40条の6第1項5号）の対象となるおそれ

> `コラム`
>
> ## なぜ偽装請負は規制されるのか
>
> 　自ら雇用しているか否かにかかわらず、労働者を他人に供給し、他人の指揮命令を受けて労働に従事させること（労働者供給）は、中間搾取や強制労働等の問題が生じていたことから、戦後まもなく（1947年）、業として行うことが原則禁止とされた（職業安定法44条）。
>
> 　その後、社会的なニーズの高まりもあって、1985年に労働者派遣法が制定され、労働者供給の一部が労働者派遣として適法化された。同法では、派遣元と派遣先の責任が明確化されており、労働者供給の弊害を防ぐための規制を設けている。例えば、労働者派遣法のもとでは、派遣労働者保護の観点から、実際に労働者に対して指揮命令を行う派遣先（発注者）が、労働者に対する使用者責任の一部を担うこととされている（危険防止措置、健康障害防止措置、労働時間管理等）[2]。

派遣・請負区分のあてはめの明確化に関する実務者ヒアリング（令和 3 年 5 月 31 日）
厚生労働省説明資料より[3]

　そのため、労働者を他人に供給し、他人の指揮命令を受けて労働に従事
させることを業として行うのであれば、労働者派遣法に基づく許可を受け
（同法 5 条）、その規制を遵守しなければならない。ところが、適法な労働
者派遣によらず、請負や準委任など労働者派遣以外の名目で契約を締結し
ながら、供給先（発注者）が労働者に対して指揮命令を行うこと（偽装請
負）により、実態として労働者派遣の提供がなされてしまうと、雇用管理
責任の所在が曖昧となり、労働災害の発生等の問題につながるおそれがあ
る。すなわち、偽装請負の場合、供給先（発注者）は、自ら労働者に指揮
命令できる立場にありながら、それに伴う管理責任を何も負わないことに
なってしまい、労働者派遣法による労働者保護のための規制が潜脱されて
しまうことになる。そのため、偽装請負は労働者派遣法（又は職業安定法）
に違反する行為として禁止されている。

第 2　厚生労働省の派遣・請負区分基準

1　派遣・請負区分基準

　厚生労働省は、派遣と適正な業務委託を区分する基準として、「労働者派
遣事業と請負により行われる事業との区分に関する基準」（昭和 61 年労働省

2　厚生労働省　派遣・請負区分のあてはめの明確化に関する実務者ヒアリング「第 1 回
　令和 3 年 5 月 31 日」厚生労働省説明資料 6 頁
　https://www.mhlw.go.jp/content/000834216.pdf
3　前掲注 2　厚生労働省説明資料 2 頁

告示 37 号。「派遣・請負区分基準」や「37 号告示」と呼ばれる。)⁴ を示している。

　これによれば、適正な業務委託と評価されるためには（派遣と評価されないためには）、以下を全て満たす必要がある。

1. 　自己の雇用する労働者の労働力を自ら直接利用するものであること

(1) 　業務の遂行（業務の遂行方法、業務の遂行に関する評価等）に関する指示その他の管理を自ら行うこと

(2) 　労働時間等（始業及び終業の時刻、休憩時間、休日、休暇、労働時間延長、休日労働等）に関する指示その他の管理を自ら行うこと

(3) 　企業における秩序の維持、確保等のための指示その他の管理（労働者の服務上の規律に関する事項のための指示その他の管理、労働者の配置等の決定及び変更）を自ら行うこと

2. 　請け負った業務を自己の業務として相手方から独立して処理するものであること

(1) 　業務の処理に要する資金につき、全て自らの責任の下に調達し、かつ、支弁すること

(2) 　業務の処理について、法律に規定された事業主としての全ての責任を負うこと

(3) 　次の①②のいずれかに該当するものであって、単に肉体的な労働力を提供するものでないこと

　①自己の責任と負担で準備し、調達する機械、設備若しくは器材（業務上必要な簡易な工具を除く。）又は材料若しくは資材により、業務を処理すること

　②自ら行う企画又は自己の有する専門的な技術若しくは経験に基づいて、業務を処理すること

4　厚生労働省ウェブサイト「労働者派遣事業と請負により行われる事業との区分に関する基準（37 号告示）関係疑義応答集」
　https://www.mhlw.go.jp/bunya/koyou/gigi_outou01.html

アジャイル開発の外部委託との関係で特に問題となるのは、上記1の要件（自己の雇用する労働者の労働力を自ら直接利用するものであること）である。この要件は、言い換えれば、業務委託の受注者が、発注者から指揮命令を受けずに業務を遂行していることを意味する。

　具体的には、

●業務の遂行方法に関する指示

●労働時間等に関する指示

●配置決定や服務規律に関する指示

などを業務委託の受注者が自ら行っているかどうかによって判断される。

2　アジャイル開発における偽装請負の懸念と過剰な対策

　上記のとおり、アジャイル開発では、開発担当者とユーザ、また開発担当者間での密なコミュニケーションが必要であり、外部委託をする場合も、例えば以下のような状況が生じ得る。

●発注者メンバーと受注者メンバーが開発チームを構成し、管理責任者を介さず、担当者レベルで情報共有、助言・提案、議論等の密なコミュニケーションを行う

●発注者側のプロダクトオーナーから開発チームに対し、プロダクトバックログの内容やプロダクトの要件について詳細説明をする

●開発チーム全員が参加するコミュニケーションツールで連絡をする

　このような状況において、発注者から受注者の労働者に対して行われるコミュニケーションが、「業務の遂行方法」に関する指示（上記派遣・請負区分基準の1（1））に該当し、基準を満たさず派遣に該当するのではないか、ということが従前より懸念されてきた。

　上記の派遣・請負区分基準は、業態を問わず適用されるものであるため、個別のケースにどのようにあてはめられるのか、必ずしも明確ではない。厚生労働省は、具体的なケースでのあてはめを明確化した「労働者派遣事業と

請負により行われる事業との区分に関する基準（37 号告示）に関する疑義応答集」の第 1 集及び第 2 集を公表し、明確化を図ってきたが、アジャイル開発についてどのように適用がなされるかは具体的に示されていなかった[5]。

　そのため、事業者の中には、外部委託でアジャイル開発を行うことが偽装請負に該当することを懸念する声が多くあった。一般社団法人日本経済団体連合会（経団連）によれば、偽装請負のリスクを避けるため、次のような対応が行われる場合や、アジャイル開発での請負自体を避けるケースもあったという[6]。

●各会議・イベントに必ず受託者の管理責任者（リーダー）を出席させ、かつ会議中もプロダクトオーナーと直接のコミュニケーションはなるべくと

5　前掲注18　上山浩＝田島明音「アジャイル型開発と偽装請負」NBL 1196 号は、疑義応答集第 3 集が公表される前の論考であるが、疑義応答集（第 1 集及び第 2 集）は、工場の製造ラインや運送車両の運転など、発注者が労働者の行うべき作業の内容を細かに指示できるようなケースを想定しているところ、準委任で委託される事務処理は専門的な知見を活用した「知能的な高級労務」であるから、ベンダの要員がアジャイル開発という「知能的な高級労務」を提供できるスキルと経験を有しており、アジャイル開発の理念型に従って役務が提供されているなら、ユーザがベンダの個々の要員に直接作業の依頼をしても、単なる労働力の提供とは評価されず、またユーザが専門的知見を要する作業の実施方法を直接に指揮命令することはできないはずなので、偽装請負と判断されることはないとする。これに関連して、疑義応答集第 3 集公表後に発表された森田茉莉子「37 号告示に関する疑義応答集（第 3 集）に基づくアジャイル型開発における派遣・請負区分の明確化」ビジネスガイド 2022 年 2 月号（（日本法令）71 頁は、受注者側の担当者に専門性があれば、発注者側との対等な関係が認められやすくなるものの、いくら高い専門性や豊富な経験があろうと、発注者側から業務の遂行方法や労働時間に関する指示等の指揮命令があれば対等な関係性は否定され偽装請負と判断されるとする。また、「単なる労働力の提供」でないことは、派遣・請負区分基準の一要件（105 頁記載の 2（3）の要件）であり、適正な業務委託とされるためには同基準のそれ以外の要件（特に 1 の要件）も充足する必要があることから、専門的技術・経験を有する受注者が提供する業務が「単なる労働力の提供」に該当さえしなければ偽装請負のおそれはないとする解釈は誤りであるとする。
　上山＝田島論文は、従前の疑義応答集（第 1 集及び第 2 集）を前提に、アジャイル開発におけるコミュニケーションが偽装請負に該当しない論拠を示そうとしたものであるが、第 3 集が公表された今となっては、受注者側の担当者が専門性を有しており、アジャイル開発の理念に基づき役務が提供されることは、森田論文が示唆するように、発注者側との対等な関係（及び受注者側開発担当者の自律性）を支える要素と位置付けられるように思われる。

らないよう注意を払っている
●本来、プロダクトオーナーに聞いてほしいレビューや定期ミーティングについても、プロダクトオーナーが同席しないようにしている
●仕様や要件に関わる細かな確認をメールや電話等で行う際にも、同社の監督者（リーダー）経由でエンジニアに質問事項を伝達して必要な回答を得るようにしている

　このような対応は、本来アジャイル開発が必要とする密なコミュニケーションを制限するものであり、結果として、ユーザにとって真に価値あるプロダクトを開発するというアジャイル開発自体の目的達成が阻害されるおそれがある。
　なお、2020 年に公表された IPA モデル契約の策定を行った「DX 対応モデル契約見直し検討 WG」においても、偽装請負に関する問題が議論となった。この議論の内容は、IPA モデル契約の解説 16 頁以下で紹介されている。

第 3　アジャイル開発向けの疑義応答集第 3 集

1　疑義応答集第 3 集の策定経緯

　アジャイル開発と偽装請負の問題については、経済界からも解消のための働きかけが行われ、経団連は、2020 年 3 月 17 日付「Society 5.0 の実現に向けた規制・制度改革に関する提言」[7]において、アジャイル開発等のシステム開発における発注者、受託者、委託先との直接的な意思疎通や協働が偽装請負と判断される「直接な作業指示」にあたらないことを明確化することを

6　規制改革推進会議　成長戦略ワーキング・グループ（2021 年 2 月 25 日開催）資料 2-2（一社）日本経済団体連合会「アジャイル型システム開発に係るルール整備について」3 頁 https://www8.cao.go.jp/kisei-kaikaku/kisei/meeting/wg/seicho/20210225/210225seicho11.pdf
7　https://www.keidanren.or.jp/policy/2020/023.html　なお、アジャイル型のシステム開発に向けた環境整備に関する要望は、2020 年 10 月 13 日付「改訂　Society 5.0 の実現に向けた規制・制度改革に関する提言」においても改訂の上再掲されている。

求めた。

　この問題は、政府の規制改革推進会議の成長戦略ワーキング・グループにおいて取り上げられ、厚生労働省は、アジャイル開発の現場の実態をふまえた解釈の明確化を検討することとなった[8]。そして、同省は 2021 年 5 月から同年 7 月までに 3 回の実務者ヒアリングを実施し、同年 9 月、派遣・請負区分基準のアジャイル開発へのあてはめを明確にしたものとして、「『労働者派遣事業と請負により行われる事業との区分に関する基準』（37 号告示）に関する疑義応答集（第 3 集）」[9]を公表した。それまでに出された二つの疑義応答集のうち、第 1 集は製造業における製造請負を主として取り扱ったものであり、第 2 集は業界横断的な場面を取り扱ったものであったが、第 3 集はアジャイル開発に特化した内容となっている[10]。

2　疑義応答集第 3 集の概要

　疑義応答集第 3 集は、次の 7 つの Q & A によって構成されている。

　全体を俯瞰すると、まず Q1 においてアジャイル開発にも派遣・請負区分基準が適用されることが確認された上、Q2 においてアジャイル開発と偽装請負に関する基本的な考え方が示されている。そして、Q3〜Q6 において Q2 の基本的な考え方の具体的な場面へのあてはめが示されている。最後に、Q7 では、個人を特定できないスキルシートの提出が許容されることが示されている。

8　内閣府ウェブサイト「規制改革推進会議　会議情報」https://www8.cao.go.jp/kisei-kaikaku/kisei/meeting/meeting.html（令和 3 年 2 月 25 日開催の第 6 回成長戦略ワーキング・グループの議事次第及び議事録参照）

9　疑義応答集及び実務者ヒアリングの議事要旨・資料については、前掲の厚生労働省ウェブサイト「労働者派遣事業と請負により行われる事業との区分に関する基準（37 号告示）関係疑義応答集」参照
　https://www.mhlw.go.jp/bunya/koyou/gigi_outou01.html

10　もっとも、この第 3 集で示された考え方は、アジャイル開発以外の場面でも、発注者と受注者が対等な関係で専門的な業務を行う場面（具体的には、コンサルティング業務やアジャイル以外のシステム開発業務等が考えられる。）にも応用可能であるように思われる。

以下は、Q1〜Q7 の概要である。

Q1　アジャイル型開発と契約方式	A1　アジャイル開発のようなシステム開発の場合も、労働者派遣と請負等（委任、準委任含む）の区別は、派遣・請負区分基準（37 号告示）に基づき判断される。
Q2　基本的考え方	A2　発注者側と受注者側の開発関係者が相互に密に連携し、随時、情報の共有や、システム開発に関する技術的な助言・提案を行っていたとしても、実態として、発注者と受注者の関係者が対等な関係の下で協働し、受注者側の開発担当者が自律的に判断して開発業務を行っていると認められる場合であれば、偽装請負と判断されない。
Q3　管理責任者の選任	A3　両者が対等な関係の下で協働し、受注者側の開発担当者が自律的に開発業務を進めている限り、受注者側の管理責任者が会議や打ち合わせに同席していない場合があっても、それだけで直ちに偽装請負と判断されるわけではない。
Q4　発注者側の開発責任者と受注者側の開発担当者間のコミュニケーション	A4　両者が対等な関係の下で協働し、受注者側の開発担当者が自律的に開発業務を進めている限り、発注者側の開発責任者が受注者側の開発担当者に対し、その開発業務の前提となるプロダクトバックログの内容についての詳細の説明や、開発業務に必要な開発の要件を明確にするための情報提供を行っても、それだけで直ちに偽装請負とは判断されない。
Q5　開発チーム内のコミュニケーション	A5　実態として、両者の対等な関係の下で技術的な議論や助言・提案が行われ、受注者側の開発担当者が自律的に開発業務を進めていれば、偽装請負とは判断されない。
Q6　会議や打ち合わせ等への参加	A6　会議や打ち合わせ、電子メールやチャットツール、プロジェクト管理ツール等の利用において、発注者側と受注者側の双方の関係者が全員参加している場合でも、実態として、両者が対等な関係の下で情報の共有や助言・提案が行われ、受注者側の開発担当者が自律的に開発業務を進めているなら、偽装請負とは判断されない。
Q7　開発担当者の技術・技能の確認	A7　発注者が受注者に対し、技術者のシステム開発に関する技術・技能レベルと当該技術・技能に係る経験年数等を記載した「スキルシート」の提出を求めたとしても、個人を特定できるものではなく、発注者が労働者を指名したり特定の者の就業を拒否したりできるものでなければ、発注者が受注者の労働者の配置等に関与しているとまではいえない。

3　アジャイル型開発と契約方式（Q1）

【アジャイル型開発と契約方式】

$Q1$　アジャイル型開発のようなシステム開発の場合でも、「労働者派遣事業と請負により行われる事業との区分に関する基準」が適用されますか。また、アジャイル型開発においては、発注者との間の契約が請負契約ではなく、準委任契約となる場合がありますが、契約の違いにより同基準の適用に違いが生じますか。

$A1$　労働者派遣事業とは、派遣元事業主が自己の雇用する労働者を、派遣先の指揮命令を受けて、この派遣先のために労働に従事させることを業として行うこと（労働者派遣事業の適正な運営の確保及び派遣労働者の保護等に関する法律（以下「労働者派遣法」といいます。）第2条第1号及び第3号）をいい、一方、請負とは、労働の結果としての仕事の完成を目的とするもの（民法632条）であり、労働者派遣との違いは、請負には、発注者と受注者側の労働者との間に指揮命令関係を生じないという点にあります（※1）。

　この点において、委任（民法643条）、準委任（民法656条）も同様であり、アジャイル型開発（※2）が準委任契約を締結して行われる場合でも、実態として、発注者と受注者側の労働者との間に指揮命令関係がある場合には、その契約の形式を問わず、労働者派遣事業に該当し、労働者派遣法の適用を受けます。

　したがって、アジャイル型開発のようなシステム開発の場合でも、労働者派遣と請負等（委任、準委任を含みます。以下同じ。）のいずれに該当するかについては、契約形式ではなく、「労働者派遣事業と請負により行われる事業との区分に関する基準」（昭和61年労働省告示第37号）に基づき、実態に即して判断されるものです。

※1　発注者と受注者との間において請負契約等の形式をとりながら、実態として発

注者が受注者の雇用する労働者に対して直接具体的な指揮命令をして作業を行わせているような場合をいわゆる偽装請負といい、労働者派遣法に違反するものとなります。

※2　アジャイル型開発とは、一般に、開発要件の全体を固めることなく開発に着手し、市場の評価や環境変化を反映して開発途中でも要件の追加や変更を可能とするシステム開発の手法であり、短期間で開発とリリースを繰り返しながら機能を追加してシステムを作り上げていくもので、<u>発注者側の開発責任者（プロダクトオーナー等。以下同じ。）と発注者側及び受注者側の開発担当者（再委託先の開発担当者を含みます。以下同じ。）が対等な関係の下でそれぞれの役割・専門性に基づき協働し、情報の共有や助言・提案等を行いながら個々の開発担当者が開発手法や一定の期間内における開発の順序等について自律的に判断し、開発業務を進めること</u>を特徴とするものです。

（注：下線は引用者による。以下同じ）

　Q1は、アジャイル開発にも派遣・請負区分基準が適用されることを明確にしたものである。契約書の名称など形式上の契約形態が業務委託とされていても、労働者派遣であるか業務委託であるかは、派遣・請負区分基準に基づき、実態に即して判断される[11]。

　なお、注の※2においては、この疑義応答集が想定するアジャイル開発の定義が示されている。この定義は外部委託を前提とするものになっており、特に、「発注者側の開発責任者（プロダクトオーナー等。以下同じ。）と発注者側及び受注者側の開発担当者（再委託先の開発担当者を含みます。以下同じ。）が対等な関係の下でそれぞれの役割・専門性に基づき協働し、情報の共有や助言・提案等を行いながら個々の開発担当者が開発手法や一定の期間内における開発の順序等について自律的に判断し、開発業務を進めることを特徴とするもの」として、受発注者の対等な関係と、個々の開発担当者が開発について自律的な判断を行うこと（これらについては後述）が定義に取り込まれていることが注目される。結果として、対等な関係でない場合や、自律的な判断ができていない場合は、この疑義応答集が想定するアジャイル開発では

11　前掲注5　森田「37号告示に関する疑義応答集（第3集）に基づくアジャイル型開発における派遣・請負区分の明確化」68頁

ないということになる。

　また、受注者側の開発担当者に「再委託先の開発担当者」も含まれており、再委託先との間でも対等な関係が要求されることにも留意されたい。

4　基本的考え方（Q2）

【基本的考え方】

Q2　アジャイル型開発は、発注者側の開発責任者と発注者側及び受注者側の開発担当者が一つのチームを構成して相互に密に連携し、随時、情報の共有や助言・提案をしながらシステム開発を進めるものですが、こうしたシステム開発の進め方は偽装請負となりますか。

A2　適正な請負等と判断されるためには、受注者が自己の雇用する労働者に対する業務の遂行に関する指示その他の管理を自ら行っていること及び請け負った業務を自己の業務として契約の相手方から独立して処理することが必要です（「労働者派遣事業と請負により行われる事業との区分に関する基準」参照）。

　アジャイル型開発においても、実態として、発注者側と受注者側の開発関係者（発注者側の開発責任者と発注者側及び受注者側の開発担当者を含みます。以下同じ。）が対等な関係の下で協働し、受注者側の開発担当者が自律的に判断して開発業務を行っていると認められる場合には、受注者が自己の雇用する労働者に対する業務の遂行に関する指示その他の管理を自ら行い、また、請け負った業務を自己の業務として契約の相手方から独立して処理しているものとして、適正な請負等と言えます。したがって、発注者側と受注者側の開発関係者が相互に密に連携し、随時、情報の共有や、システム開発に関する技術的な助言・提案を行っていたとしても、実態として、発注者と受注者の関係者が対等な関係の下で協働し、受注者側の開発担当者が自律的に判断して開発業務を行っている

と認められる場合であれば、偽装請負と判断されるものではありません。

　他方で、実態として、発注者側の開発責任者や開発担当者が受注者側の開発担当者に対し、直接、業務の遂行方法や労働時間等に関する指示を行うなど、指揮命令があると認められるような場合には、偽装請負と判断されることになります。

　こうした事態が生じないよう、例えば、発注者側と受注者側の開発関係者のそれぞれの役割や権限、開発チーム内における業務の進め方等を予め明確にし、発注者と受注者の間で合意しておくことや、発注者側の開発責任者や双方の開発担当者に対して、アジャイル型開発に関する事前研修等を行い、開発担当者が自律的に開発業務を進めるものであるというようなアジャイル型開発の特徴についての認識を共有しておくようにすること等が重要です。

（1）疑義応答集の核心となる基本的な考え方

　Q2 は、この疑義応答集の核心となる基本的な考え方を示すものであり、アジャイル開発においても、「実態として、発注者側と受注者側の開発関係者…が対等な関係の下で協働し、受注者側の開発担当者が自律的に判断して開発業務を行っていると認められる場合」であれば、派遣・請負区分基準の要件を充足し、適正な業務委託となることが示されている。

（2）「対等な関係の下で協働」とは

　問題は、「対等な関係の下で協働」「受注者側の開発担当者が自律的に判断して開発業務を行」うということの具体的な意味である。

　まず、「対等な関係の下で協働」「自律的に判断」については、Q1 の注記部分（※2）に既に説明がある。すなわち、アジャイル開発それ自体が、「発注者側の開発責任者（プロダクトオーナー等…）と発注者側及び受注者側の開発担当者…が対等な関係の下でそれぞれの役割・専門性に基づき協働し、情報の共有や助言・提案等を行いながら個々の開発担当者が開発手法や一定の

期間内における開発の順序等について自律的に判断し、開発業務を進めることを特徴とするもの」とされている。

　そうすると、ここでいう「対等な関係の下で協働」とは、たとえ受発注関係があろうと、アジャイル開発の理念に沿う形で発注者・受注者の役割分担がなされ、両者がその役割を果たす形でアジャイル開発のプロセスが回っていること（言い換えれば、役割分担やプロセスがアジャイル開発の理念に反する形で歪められたり、無視されたりして、発注者が受注者に対して一方的な命令を行うような関係になっていないこと）を意味すると考えられる。

　スクラムを例に挙げると、スクラムのフレームワークでは、プロダクトオーナー、スクラムマスター、複数の開発者（開発チーム）の間に階層は存在せず[12]、（所属元組織にかかわらず）個々人が専門家として対等な関係にあることが前提となっている[13]。スクラムのロール（役割分担）も、このような対等な関係を基礎とするものであり、スクラムチームのメンバー間に指揮命令関係のようなものは想定されていない。そのため、受発注者間において、こうしたスクラムのフレームワークを十分に理解した上で、それを前提とする外部委託契約を結び、スクラムが想定する役割分担とプロセスに従って、共通の目的（ユーザにとって真に価値のあるプロダクト開発）に向けて各メンバーがその役割を果たしつつ協働する状態にあれば、この疑義応答集第 3 集でいう「対等な関係の下で協働」に該当すると考えられる。

12　スクラムガイド（2020 年版）6 頁
13　スクラムのフレームワークを基礎づける、アジャイル宣言の背後にある原則（3 頁）のうち「意欲に満ちた人々を集めてプロジェクトを構成します。環境と支援を与え仕事が無事終わるまで彼らを信頼します」は、ビジネス側の人が、開発者を信頼して仕事を任せ、気持ちよく働けるよう配慮すべきであること（細かな作業指示は、開発者の自律的な行動を阻害するため避けること）、ビジネス側の人と開発者は、顧客の価値創造のために、自らが考え、自らの行動と判断に責任を持つべきであることを行動規範として示唆するものとされる。第 1 章注 4　IPA「アジャイルソフトウェア開発宣言の読みとき方」11 頁

（3）「自律的に判断」して開発業務を行うこととは

「自律的に判断」という言葉の意味は、発注者からの提案に受注者側が必ず従わなくてはならないものとはなっていないという趣旨と説明されており[14]、要するに発注者側の提案や要請に対して、受注者側の開発担当者に諾否の自由があることを意味する。

外部委託契約がアジャイル開発の理念に沿った役割分担やプロセスを前提とする対等な関係を想定していたとしても、その理念が契約の履行過程において遵守されていなければ、個別の場面において、発注者の人員が受注者側の開発担当者に一方的な指示・命令を行い、受注者がそれに必ず従わなくてはならない状態が生じ得る。そのような場合には、自律性が否定され、指揮命令が発生し得ることになる。契約の履行過程において、アジャイル開発の理念がないがしろにされ、受注者側人員の諾否の自由が実質的に失われるような状態にならないための対策としては、①スクラムのフレームワークや理念に沿った運用がなされ、対等な関係や自律性が確保されていることについて、スクラムマスターが適宜チェックを行い、問題がある場合は指摘して改善を図ること（契約上、スクラムマスターの役割にこの点の確認を明示的に追加することも考えられる。その場合の IPA モデル契約の変更案については 153 頁参照）や、②スプリントレトロスペクティブで振り返りを行う際の検討項目に、そのような事態が生じていなかったかどうかを加えることなどが考えられる。

5　管理責任者の選任（Q3）

【管理責任者の選任】

Q3　アジャイル型開発において、開発チーム内では、個々の開発担当

14　厚生労働省　令和 3 年 7 月 21 日「第 3 回　派遣・請負区分のあてはめの明確化に関する実務者ヒアリング」要旨

者が自律的に開発業務を進めることとしていることから、受注者側の管理責任者を選任していても、すべての会議や打ち合わせに同席しているわけではありませんが、この場合、偽装請負となりますか。また、管理責任者を選任していれば、偽装請負と判断されることはありませんか。

A3　前記 A2 で述べたとおり、アジャイル型開発において、実態として、発注者側と受注者側の開発関係者が対等な関係の下で協働し、受注者側の開発担当者が自律的に判断して開発業務を行っていると認められる場合であれば、偽装請負と判断されるものではありません。そのため、両者が対等な関係の下で協働し、受注者側の開発担当者が自律的に開発業務を進めている限りにおいては、受注者側の管理責任者が会議や打ち合わせに同席していない場合があるからといって、それだけをもって直ちに偽装請負と判断されるわけではありません。

　他方で、受注者側の開発担当者に対して業務の遂行方法や労働時間等に関する指示を行う必要がある場合や、開発の進捗に遅れが生じた際などに、受注者側の開発担当者に対し、仕事の割り付け、順序、緩急の調整等に関して指示を行う必要がある場合には、受注者が管理責任者を選任するなどして受注者自ら指揮命令を行う必要があり、発注者側の開発責任者や開発担当者が、直接受注者側の開発担当者に当該指揮命令を行ってしまうと、たとえ受注者において管理責任者を選任していたとしても、偽装請負と判断されることになります。

(1) 管理責任者を置く意義

Q3 は、管理責任者の会議や打ち合わせへの同席に関するものである。

　業務委託において、発注者から受注者に対して、業務遂行の方法に関する要求や注文を行うこと自体は可能である[15]。しかし、そのような要求や注文が発注者から受注者の個々の労働者に対して直接行われると、指揮命令に該当するおそれがある。そのため、ソフトウェア開発を含め、業務委託を行う

際には、受注者側の管理責任者（実施責任者、主任担当者等、呼び名は契約による。）を定め、その管理責任者が発注者からの要求や注文を受けるようにするのが一般的である。要求や注文を受けた管理責任者は、独立した当事者として受注者内において当該要求や注文を受諾するかどうか検討し、受諾するのであれば、自らの労働者にそれに応じた指示を出すことになる。

(2) スクラムイベントその他のコミュニケーションの場における管理責任者の同席の要否

　このQ3では、受発注者が対等な関係の下で協働し、受注者側の開発担当者が自律的に開発業務を進めている限りにおいては、受注者側の管理責任者が会議や打ち合わせに同席していない場合があるからといって、それだけをもって直ちに偽装請負と判断されるわけではないとしている。デイリースクラム等のスクラムイベントや、スプリントの過程での日常的なコミュニケーションにおいて、発注者側の人員から受注者側の人員に対して、開発対象や開発の進め方等に関する意見、提案等がなされるが、受発注者が対等な関係にあり、受注者側の人員が自律的に判断できる（自らの判断で意見や提案に従わないことができる）のであれば、それは服従を要する指示にあたらず、指揮命令に該当しないため、管理責任者が同席していなくてもよいということになる。

　例えば、ベンダの開発者が、スプリントにおいて、自身に割り当てられたタスクをどのように処理するかについては、個々の開発者が自らの専門性と裁量に基づき決めるべきことがらであるから、スプリント中のコミュニケーションの中でユーザの人員から処理方法に関する意見や提案があったとしても、スクラムのフレームワークが遵守されている限り（すなわち、開発者の

15　疑義応答集（第1集）のQ2は、商品の製造に係るものであるが、「発注者から請負事業主に対して、作業工程の見直しや欠陥商品を製作し直すことなど発注に関わる要求や注文を行うことは、業務請負契約の当事者間で行われるものであり、発注者から請負労働者への直接の指揮命令ではないので労働者派遣には該当せず偽装請負にはあたりません」とされている。

諾否の自由が失われていない限り）、指揮命令にはあたらないといえよう。また、スプリントプランニングにおけるスプリントバックログの決定に関するユーザの意向や、スプリントレビューでの開発対象に対するユーザからの要望や意見、スプリントレトロスペクティブにおける開発の進め方についての意見や指摘については、いずれもスクラムの役割分担上、開発チーム・開発者の裁量でその採否を判断すべきものであるから、やはりスクラムのフレームワークが遵守されている限り、指揮命令には該当せず、管理責任者が常に同席している必要はないと考えられる。

　他方、そうしたミーティングやコミュニケーションにおいて、ユーザが、開発の遅延など何らかの必要性から、ベンダの開発担当者に対し、仕事の割り付け、順序、緩急の調整等の業務の遂行方法や、残業等の労働時間等に関する指示をする場合は、指揮命令に該当し得る。そのため、ユーザはそうした要望をベンダの開発担当者でなく、管理責任者に伝える必要がある。

　どこからが「指示」にあたるのかは必ずしも明確ではないが、少なくともタスク配分や超過勤務など、ベンダの開発担当者が自らの裁量で諾否を決められる範囲を超える事項について要望をする場合は、客観的に見て指示と評価されるおそれがあるため、ベンダの管理責任者が同席すべきだろう。

6　発注者側の開発責任者と受注者側の開発担当者間のコミュニケーション（Q4）

【発注者側の開発責任者と受注者側の開発担当者間のコミュニケーション】

Q4　アジャイル型開発においては、発注者側の開発責任者はプロダクトバックログ（開発対象に係る機能等の要求事項の一覧）の内容やその優先順位の決定を行い、開発手法やスプリント（開発業務を実施するための一定の区切られた期間）内における開発の順序等については開発担当者がその専門的な知見を活かして自律的に判断し開発業務を進めるのが通常ですが、その際、発注者側の開発責任者から、受注者側の開発担当

者に対し、直接、プロダクトバックログの詳細の説明や、開発担当者の
開発業務を円滑に進めるための情報提供を行うと偽装請負と判断されま
すか。

A4　前記 A2 で述べたとおり、アジャイル型開発において、実態とし
　　て、発注者側と受注者側の開発関係者が対等な関係の下で協働し、受注
者側の開発担当者が自律的に判断して開発業務を行っていると認められ
る場合であれば、偽装請負と判断されるものではありません。そのた
め、両者が対等な関係の下で協働し、受注者側の開発担当者が自律的に
開発業務を進めている限りにおいては、そのプロセスにおいて、発注者
側の開発責任者が受注者側の開発担当者に対し、その開発業務の前提と
なるプロダクトバックログの内容についての詳細の説明や、開発業務に
必要な開発の要件を明確にするための情報提供を行ったからといって、
それだけをもって直ちに偽装請負と判断されるわけではありません。

　他方で、発注者側の開発責任者による受注者側の開発担当者に対する
説明や情報提供が、実態として、受注者側の開発担当者に対する業務の
遂行方法や労働時間等に関する指示などの指揮命令と認められるような
場合には、偽装請負と判断されることになります。

（1）開発対象の特定に資するプロダクトオーナーからの情報提供

　Q4 は、発注者であるユーザの開発責任者と、受注者であるベンダの開発
担当者間のコミュニケーションに関するものである。アジャイル開発の外部
委託においては、プロダクトオーナーをユーザの人員が担当し、開発者をベ
ンダの人員が担当することが多い。Q4 でいう発注者側の開発責任者も、
ユーザのプロダクトオーナーを想定していると思われる。

　アジャイル開発（スクラム）では、プロダクトオーナーがプロダクトバッ
クログの内容について責任を負っており、その内容に従って開発が行われ
る。ユーザのプロダクトオーナーからベンダの開発者に対して、プロダクト

バックログの意図や詳細（特に文書として記述されていない情報）を説明したり、開発者が理解できるよう補足することは、開発のために当然に必要なことであり、こうした開発対象を特定するための情報提供は、派遣・請負区分基準に規定される「業務の遂行方法の指示」とは質的に異なるものである。この点については、商品の製造に関する疑義応答集第 1 集 Q10 イにおいても、「新製品の製造着手時において、発注者が、請負事業主に対して、請負契約の内容である仕様等について補足的な説明を行う際に、請負事業主の監督の下で労働者に当該説明（資料等を用いて行う説明のみでは十分な仕様等の理解が困難な場合に特に必要となる実習を含みます。）を受けさせる場合のもの」は偽装請負と判断されるものではないことが示されていた[16]。本 Q4 は、アジャイル開発において、発注者であるユーザ側が行う開発対象の特定のための説明についても、この趣旨があてはまることを明確にしたものと考えられる。

(2) スプリントプランニングにおける開発チームとプロダクトオーナーの間の協議

また、スプリントの最初に行われるスプリントプランニングでは、プロダクトバックログの中から、当該スプリントでの開発対象を決めてスプリントバックログが作成されるが、どのプロダクトバックログアイテムをスプリントバックログに加えて開発対象とするかについては、開発チームとプロダクトオーナーとの間で協議がなされる。この際には、プロダクトオーナーの意見も尊重されるが、スプリントバックログの決定には実際に開発を担う開発チームとの合意が必要とされていることからすれば、プロダクトオーナーによる開発対象に関する意見の表明は、通常は業務の遂行方法の指示には該当せず、指揮命令にはならないと考えられる。

16　厚生労働省職業安定局による令和 3 年 5 月 13 日都道府県労働局宛て「事務連絡」では、疑義応答集（第 1 集）Q10 及び Q11 が、システム開発を請負業務とする場合についてもあてはまることが確認されている。
https://www.mhlw.go.jp/content/000780139.pdf

7　開発チーム内のコミュニケーション（Q5）

【開発チーム内のコミュニケーション】

Q5　アジャイル型開発の開発チーム内のコミュニケーションにおける技術的な議論や助言・提案によって、偽装請負と判断されることはありますか。

A5　前記A2で述べたとおり、アジャイル型開発において、実態として、発注者側と受注者側の開発関係者が対等な関係の下で協働し、受注者側の開発担当者が自律的に判断して開発業務を行っていると認められる場合であれば、偽装請負と判断されるものではありません。そのため、実態として、両者間において、対等な関係の下でシステム開発に関する技術的な議論や助言・提案が行われ、受注者側の開発担当者が自律的に開発業務を進めているのであれば、偽装請負と判断されるものではありません。

　他方で、発注者側の開発担当者の助言・提案や技術的な議論における言動が、実態として、受注者側の開発担当者に対する業務の遂行方法や労働時間等に関する指示などの指揮命令と認められるような場合には、偽装請負と判断されることになります。

（1）開発チームが受発注者混成の場合のコミュニケーション

　Q5は、開発チーム内でのコミュニケーションに関するものである。具体的には、開発チームがベンダの人員とユーザの人員の混成である場合を想定しているものと思われる。

　これについても、アジャイル開発の理念に従い、開発チーム内のベンダの人員とユーザの人員が対等な関係であれば、開発の方法等について何らかの指摘や意見があったとしても、それは服従を要する指示ではなく、助言や提案にとどまり、指摘や意見を受けた側によりそれを受け入れるかどうかが自

律的に判断されるはずである。そのため、開発チーム内での技術的な議論や助言・提案等のコミュニケーションは、当然に従うことを前提とする一方的な指示でない限り、業務遂行の方法についての指示には該当せず、偽装請負にはならないと考えられる。

(2) ペアプログラミング（モブプログラミング）におけるコミュニケーション

アジャイル開発のプラクティスの中で、ペアプログラミング（モブプログラミング）というものがある。これは、2 人（ペア）又は 3 人以上（モブ）でプログラミングを行うものであり、実際にキーを叩いてコードを入力する者（ドライバー）と、横から助言や提案をする者（ナビゲーター）のペア（ナビゲーターが複数の場合はモブ）が、コミュニケーションをしながらプログラミングを行うというものである。このペアプログラミングには、よりよいアイデアを出す、前提知識の不足を補う、客観的に確認しながら進めることで独善的なコードになることを避ける、コードが常にレビュー対象となるためミスや手戻りを防ぐ等のメリットがあり、品質の高いコードの作成に役立つ。

Q5 との関係では、ペアプログラミングにおいて、ユーザ（発注者）所属の開発者がナビゲーターを、ベンダ（受注者）所属の開発者がドライバーを担当する場合が問題となり得る。しかし、ペアプログラミングは本来的に開発者間の対等な関係を前提とするものであり、ドライバーはナビゲーターの提案を必ず受け入れなければならないわけではなく、提案に対して自らの判断で疑問を述べたり拒否したりすることができる。もしナビゲーターの提案に常に従わなければならないのであれば、わざわざ 2 人以上で作業をするメリットはなく、プラクティスの合理性が失われるといえよう。そのため、ドライバーがナビゲーターの指示を全く無批判に受け入れているような状態でもない限り、ペアプログラミングでのコミュニケーションは指揮命令には該当せず、偽装請負にはならないと考えられる。

8　会議や打ち合わせ等への参加（Q6）

【会議や打ち合わせ等への参加】

Q6　アジャイル型開発においては、発注者側と受注者側の開発関係者が、随時、情報の共有や助言・提案をしながら開発を進めることが通常ですが、そのための会議や打ち合わせ、あるいは、連絡・業務管理のための電子メールやチャットツール、プロジェクト管理ツール等の利用において、発注者側及び受注者側の双方の関係者全員が参加した場合、偽装請負となりますか。

A6　前記A2で述べたとおり、アジャイル型開発において、実態として、発注者側と受注者側の開発関係者が対等な関係の下で協働し、受注者側の開発担当者が自律的に判断して開発業務を行っていると認められる場合であれば、偽装請負と判断されるものではありません。そして、会議や打ち合わせ、あるいは、電子メールやチャットツール、プロジェクト管理ツール等の利用において、発注者側と受注者側の双方の関係者が全員参加している場合であっても、それらの場面において、実態として、両者が対等な関係の下で情報の共有や助言・提案が行われ、受注者側の開発担当者が自律的に開発業務を進めているのであれば、偽装請負と判断されるものではありません。

他方で、このような会議や打ち合わせなどの全ての機会に管理責任者の同席が求められるものではないものの、実態として、会議や打ち合わせ、あるいは、電子メールやチャットツール、プロジェクト管理ツール等の利用において、発注者側の開発責任者や開発担当者から受注者側の開発担当者に対し、直接、業務の遂行方法や労働時間等に関する指示などの指揮命令が行われていると認められるような場合には、偽装請負と判断されることになります。

そのため、受注者側の開発担当者に対し、業務の遂行方法や労働時間

　等に関する指示を行うことが必要になった場合には、受注者側が管理責任者を選任するなどして受注者自らが指揮命令を行うなど、適正な請負等と判断されるような体制を確立しておくことが必要です。

　Q6は、アジャイル開発におけるコミュニケーションツールの使い方に関するものである。結論としては、これまでのQと同様、実態として、両者が対等な関係の下で情報の共有や助言・提案が行われ、受注者側の開発担当者が自律的に開発業務を進めているのであれば、会議や打ち合わせ、あるいは、電子メールやチャットツール、プロジェクト管理ツール等の利用において、発注者側と受注者側の双方の関係者が全員参加している場合でも偽装請負とは判断されないとしている。

　アジャイル開発では、円滑なコミュニケーションが必要であり、またスクラムチームメンバーがリモート環境で作業することもあるため、スクラムチーム全員が参加する形で様々なコミュニケーションツールが活用されることが多い。

　ところが、従前より公表されていた疑義応答集第2集の問10では、発注者からの依頼メールを請負事業主の管理責任者に送付する際、管理責任者の了解の下、請負労働者にも併せて（ccで）送付した場合に、偽装請負になるかという問いに対し、発注者から請負事業主への依頼メールを、管理責任者の了解の下、請負労働者に併せて送付したことのみをもって、直ちに労働者派遣事業と判断されることはないが、「メールの内容が実質的に作業の順序や従業員への割振り等の詳細な指示が含まれるものであったり、作業方針の変更が日常的に指示されたり、あるいは発注者から請負労働者に直接返信を求めている場合など、請負事業主自らが業務の遂行方法に関する指示を行っていると認められない場合は、労働者派遣事業と判断される」とされていたことから、受発注者双方の関係者全員が参加するメールやコミュニケーションツールの使用について懸念があった。

　Q6でも留保はついているものの、「作業方針の変更が日常的に指示されたり、あるいは発注者から請負労働者に直接返信を求めている場合」といっ

た具体的な禁止態様は記載されておらず、「直接、業務の遂行方法や労働時間等に関する指示などの指揮命令が行われていると認められるような場合」という、派遣・請負区分基準に立ち戻った一般的な留保となっている。アジャイル開発では、例えばユーザ側のプロダクトオーナーが、ベンダ側の個別の開発者に対して意見を伝え、直接の返信を求める場合も少なからずあると思われるが、アジャイル開発のプロセスにおいて対等な関係のもとで行われるコミュニケーションについては、全員参加のコミュニケーションツールを用いて行っても問題とならないことが示されたと考えられる。

9　開発担当者の技術・技能の確認（Q7）

【開発担当者の技術・技能の確認】

Q7　アジャイル型開発では、開発担当者同士が情報共有や助言、提案を行いながら、個々の開発担当者が自律的に判断して開発業務を進めるため、そのような開発を行うことができる専門的な技術者が必要となりますが、国内ではアジャイル型開発を経験した技術者が少ない等の状況にあるため、開発担当者の技術や技能について、一定の水準を確保することが重要です。そこで、発注者から受注者に対し、開発担当者の技術・技能レベルや経験年数等を記載した「スキルシート」の提出を求めたいのですが、これに何か問題はありますか。

A7　前記 A2 で述べたとおり、適正な請負等と判断されるためには、受注者が自己の雇用する労働者に対する業務の遂行に関する指示その他の管理を自ら行っていること及び請け負った業務を自己の業務として契約の相手方から独立して処理することが必要であり、そのためには、受注者の労働者の配置等の決定及び変更について受注者自らが行うことが求められます。

　そのため、発注者が特定の者を指名して業務に従事させたり、特定の

者について就業を拒否したりする場合は、発注者が受注者の労働者の配
置等の決定及び変更に関与していると判断されることになり、適正な請
負等とは認められません。

　他方で、<u>アジャイル型開発において、受注者側の技術力を判断する一
環として、発注者が受注者に対し、受注者が雇用する技術者のシステム
開発に関する技術・技能レベルと当該技術・技能に係る経験年数等を記
載したいわゆる「スキルシート」の提出を求めたとしても、それが個人
を特定できるものではなく、発注者がそれによって個々の労働者を指名
したり特定の者の就業を拒否したりできるものでなければ、発注者が受
注者の労働者の配置等の決定及び変更に関与しているとまではいえない
ため、「スキルシート」の提出を求めたからといって直ちに偽装請負と
判断されるわけではありません。</u>

　アジャイル開発は、（大規模アジャイルのケースもあるが、基本的には）少数精
鋭で行われ、原則としてスクラムチームだけで全ての開発を行うことが想定
されているため、個々のメンバーのスキルや経験の有無が非常に重要とな
る。そのため、外部委託を行う場合には、ユーザからベンダに対して、開発
者としてアサインするメンバーのスキルシートの提出を求めることもある。こ
うしたスキルシートの提出が、派遣・請負区分基準において、受注者の労働
者の配置等の決定及び変更への発注者による関与にならないか懸念があった。

　Q7では、スキルシートの内容が個人を特定できるものではなく、発注者
による個々の労働者の指名や拒否につながるものでなければ、労働者の配置
等の決定及び変更への関与にはならないとした。提出されたスキルシートに
記載された内容が発注者の求める水準を下回っている場合には、発注者は受
注者に対して、その旨を伝え、労働者の配置を再考してもらうことになると
思われるが、発注者が個々の労働者に着目して判断しているとの疑義をもた
れないようにするには、発注者が求める具体的なスキルや経験の水準を、あ
らかじめRFPや契約において客観的に明確にしておくことが望ましい。

10　疑義応答集第3集をふまえた対応
(1) 偽装請負と判断され得る場合
　疑義応答集第3集により、アジャイル開発を外部委託する場合でも、アジャイル開発のプロセスにおいて通常行われるコミュニケーションについては、指揮命令に該当せず、偽装請負にはならないことが示されたといえる。そのため、偽装請負について、これまでのように過剰に懸念する必要はなくなったといえるが、各Qにおいて留保が付いているとおり、アジャイル開発においても、「実態として、発注者側の開発責任者や開発担当者が受注者側の開発担当者に対し、直接、業務の遂行方法や労働時間等に関する指示を行うなど、指揮命令があると認められるような場合」（Q2）には、偽装請負と判断されるおそれがある。
　例えば、次のような状態が生じないようにする必要がある。

【偽装請負と判断され得る例】
× 　発注者が受注者側開発担当者に対し、直接、業務の割振りや進め方について指示し、従わせているような場合
× 　発注者が受注者側開発担当者に対し、直接、稼働時間について指示（残業の要求など）し、従わせているような場合
× 　受注者側開発担当者に自律性がなく、スクラムのフレームワークや業務委託契約において自らに裁量があるとされる事項についてまで、事実上、発注者の言いなりで動いているような場合
× 　発注者が特定の受注者側労働者を指名してアサインさせているような場合

---

(2) 偽装請負とならないために行うべき対応
　外部委託でアジャイル開発を行うにあたって、偽装請負と評価されないようにするためには、次のような対応をとることが考えられる[17]。

　ア　アジャイル開発の理念や特徴の理解とそれをふまえた契約の締結

　偽装請負の疑義を避けるために行うべき対応としては、まずは受発注者双方がアジャイル開発の理念や特徴を理解し、それに沿った形で業務委託契約において役割分担とプロセスを具体的に定め、実態としてもそれに沿った運用をすることである。

　この点については、疑義応答集第 3 集 Q2 の最後で、偽装請負と判断されるような事態が生じることのないよう、

　・発注者側と受注者側の開発関係者のそれぞれの役割や権限、開発チーム
　　内における業務の進め方等をあらかじめ明確にし、発注者と受注者の間
　　で合意しておくこと
　・アジャイル型開発に関する事前研修等を行い、開発担当者が自律的に開
　　発業務を進めるものであるというようなアジャイル型開発の特徴につい
　　ての認識を共有しておくこと

等が重要であるとの具体的な示唆があることが注目される。なお、疑義応答集第 3 集の内容をふまえた IPA モデル契約 3 条（体制）の変更例については、148 頁を参照されたい。

　イ　契約の履行過程におけるチェック

　いくらアジャイル開発の理念や特徴を反映した契約を締結しても、契約の履行過程において理念がないがしろにされ、受発注者の対等な関係や、受注者側人員の自律性が実質的に失われるような状態になると、偽装請負のリスクが高まる。

　これを防ぐための対策としては、前記のとおり、①スクラムのフレームワークや理念に沿った運用になっていることについて、スクラムマスターが適宜チェックを行い、問題があれば指摘して改善すること（IPA モデル契約の変更案について 153 頁参照）や、②スプリントレトロスペクティブで振り返りを行う際の検討項目に、そのような事態が生じていなかったかどうかを加

17　なお、偽装請負に該当するか否かは実態に応じて判断されるので、これらの対応をとっ
　　ていたとしても、実態として指揮命令が生じていれば偽装請負となることに注意されたい。

えることなどが考えられる。

　　ウ　管理責任者の設置

　基本的にはアジャイル開発の理念や特徴に則って開発が進められていて
も、業務委託である以上、特にスケジュールや予算の関係で、発注者側から
受注者側に対し、業務の遂行方法（業務の割振り、進め方等）や労働時間等に
ついて、何らかの要望をしたい場合もあり得る。

　そのような場合への対応としては、受注者側であらかじめ管理責任者を設
置し、管理責任者が要望を受けて検討する運用とする（受注者側の個別の人
員に対する直接の指示が生じないようにする）ことが必要となる。

　また、受発注者間で業務の遂行方法等を協議する会議（例えば、具体的な
業務分担を決め、指示を出すキックオフミーティング[18]など）には、受注者側の
管理責任者が出席するものとし、業務分担等については、管理責任者から個
別のメンバーに対して指示するようにしておくべきである（Q3参照）。

　　エ　資料や記録の作成

　社内の監査や労働局による調査に備えて、偽装請負に該当するような状態
になっていないこと（すなわち、受発注者が対等な関係にあり、受注者側の開発
担当者が自律的に判断して開発業務を行える状況にあること）を、資料や記録を
作成することで、客観的に説明できるようにしておくことも考えられる。

　具体的には、（上記アと重複するが）契約その他の合意文書において、発注
者と受注者の関係者の役割分担や権限、開発の進め方を、なるべく詳細かつ
具体的に記載しておくべきである（Q2参照）。

　また、（上記イで紹介したように）契約の履行過程において、スクラムのフ
レームワークや理念に沿った運用がなされ、対等な関係や自律性が確保され
ていることについて、スクラムマスターが適宜チェックを行う際に、その確
認の記録を付けておくことも有益と思われる。

18　前掲注5　森田「37号告示に関する疑義応答集（第3集）に基づくアジャイル型開発
　　における派遣・請負区分の明確化」69頁

第5章

IPA モデル契約
（2020年3月公表）の活用

本章においては、IPA が 2020 年 3 月に公表した IPA モデル契約の活用方法やカスタマイズの仕方について解説する。

第 1　IPA モデル契約の活用方法

1　IPA モデル契約の想定

　IPA モデル契約解説 3 頁「II．本モデル契約が想定するアジャイル開発」に記載されているものが、IPA モデル契約の一応の前提となっている。

項目	想定
ユーザ企業の準備	経営上のニーズや解決すべき課題（プロジェクトの目的）、開発対象プロダクトのビジョンが明確
ユーザ企業の知識	アジャイル開発及びスクラムに関する基礎的な理解あり
契約	単一の準委任契約
開発手法	スクラム
開発体制	単一のスクラムチームであり、プロダクトオーナーはユーザ企業が、スクラムマスターはベンダ企業がそれぞれ選任
開発チーム	ベンダ企業のみ、又はベンダ企業とユーザ企業の混成
開発規模	1 つのスクラムチームで開発できるような、比較的小規模なもの
開発の進め方	IPA「アジャイル開発の進め方」[1] をベースとした「アジャイル開発　進め方の指針」による
開発プロセス	初期開発〜運用時の開発。開発に入る前にプロダクトオーナーと開発チームの間で協議を行い、初期バックログを作成
開発期間	有期（必要に応じて延長）
システム稼働環境	特に限定しない

IPA「情報システム・モデル取引・契約書〈アジャイル開発版〉」3 頁より

　これによれば、開発手法はスクラムが前提であり、開発体制として単一のスクラムチームが想定されている。そのため、複数のスクラムチームを用い

1　IPA「アジャイル開発の進め方」
　　https://www.ipa.go.jp/files/000065606.pdf

た大規模アジャイルの場合は、それに応じたフレームワーク[2]を参考に、スクラムチームを連携させるような連絡協議会の設置等の追加が必要となる。

「ユーザ企業の準備」として、「経営上のニーズや解決すべき課題（プロジェクトの目的）、開発対象プロダクトのビジョンが明確」になっていること、「開発期間」が「有期」であることが前提とされており、32 頁の二つの類型（プロジェクト型と継続開発型）の分類でいえば、継続開発型よりもプロジェクト型を想定しているように見えるが、別紙の書き方次第で、継続開発型にも対応できる（継続開発型の別紙サンプルは、170 頁）。

また、「開発の進め方」では、「アジャイル開発　進め方の指針」によるとあるが、これはベンダやユーザが自らのアジャイル向け開発標準その他の指針を持っていれば、それに置き換えることができる。また、契約中で外部の指針を参照することに不安があるのであれば、144 頁で説明するように、指針を参照しない形にすることもできる。

2　IPA モデル契約の構成と使い方

IPA モデル契約には、契約前チェックリスト、モデル契約の契約書本体と別紙、アジャイル開発　進め方の指針（進め方指針）が含まれている。

このうち契約を構成するのは契約書本体と別紙、進め方指針である。

(1) 契約書本体及び別紙

IPA モデル契約では、契約書本体において、当事者の権利義務に関する規定が列挙されており、案件ごとに取り決める必要がある事項は別紙において定めることになっている。そのため、別紙の内容については、当然案件ごとに違ってくるが、契約書本体や次項で述べる進め方指針についても、あくまでひな型であるため、案件に応じた検討と必要に応じたカスタマイズがなされることが想定されている。

2　LeSS、Nexus、SAFe、Scrum@Scale、Disciplined Agile 等がある。第 1 章注 5　平鍋＝野中＝及部『アジャイル開発とスクラム　第 2 版』105 頁以下参照

（2）アジャイル開発 進め方の指針
ア　契約書と進め方指針の分担

　IPA モデル契約では、アジャイル開発（スクラム）の基礎的なプロセスと役割分担（ロール）のうち、当事者の義務に関わる部分は契約書本体の条文において示されている。他方、アジャイル開発の進め方の詳細部分については、そのプロジェクト、そのチームの特性に合わせて自律的に改善されることもあり得るため、契約には書き込まれておらず、その代わりに「アジャイル開発 進め方の指針」という文書を参照することとしている。

　この進め方指針は、IPA の「アジャイル開発の進め方」という文書[3] をベースとしたものであり、アジャイル開発における一般的な進め方を示したものといえる。

イ　「指針として参照する」の意味

　IPA モデル契約 2 条 6 項では「6.　甲及び乙は、本プロジェクトにおけるスクラムによる開発の進め方については、本契約における定め又は当事者間での別段の合意がない限り、本契約に添付する「アジャイル開発 進め方の指針」（以下「進め方指針」という。）を指針として参照する」との定めを置いている。このような規定はそれほど一般的ではないことから、外部の文書を「指針として参照する」との条項が、法的にどのような意味をもつのか問題となり得る。

　この点について、IPA モデル契約の解説では、「当該指針について、本項で『開発の指針として参照する』こととした趣旨は、進め方指針が現場レベルでの認識合わせに用いられる、比較的技術的な内容の文書であることから、記載された内容について契約書本体と同様の拘束力を持たせるべきではないものの、そこに記載されている進め方と大きく異なる方法をとる場合には、第 6 条第 8 項に定められた協議及び変更の手続を経ることで両当事者が

3　前掲注 1　IPA「アジャイル開発の進め方」
　　https://www.ipa.go.jp/files/000065606.pdf
　　なお、この文書は、2017 年版のスクラムガイドがベースとなっていると思われる。

明示的に再度の認識合わせを行い、進め方に関する両当事者の認識に齟齬を生じさせないようにするためである。これにより、当該指針は、契約を解釈する際に当事者の合理的な意思を推測させるものとして機能する。すなわち、進め方に関連して生じた両当事者間のトラブルが、問題解消手続で解決せずに紛争に発展した場合には、契約書本体及び別紙の記載と併せて、当該指針が進め方に関する当事者の意思を合理的に解釈するための指針としても機能することになる」と説明されている。

　アジャイル開発のトラブルが開発の進め方に関連して生じたような場合、例えば、開発チームが開発した機能について、ユーザのレビューを受けないまま開発を進め、ユーザが想定したものと異なるプロダクトができたようなケースがあったとして、（例えば前記のプロジェクトマネジメント義務違反との関係で）契約上どのような進め方が想定されていたのか争いとなる場合等には、契約から参照されている進め方指針の内容が意思解釈の一つの根拠になると考えられる。

　IPA モデル契約としては、「指針として参照する」という文言をこのような趣旨で用いているが、一般的に用いられる契約文言ではないことから、紛争時に裁判所においてどのように解釈されるか、完全に予測できるわけではない[4]。その点を懸念し、契約条項として含めることに躊躇する場合もあるだろう。そのような場合には、後述するとおり、進め方指針の参照を定めた2条6項を削除することも考えられる（144頁参照）。もっとも、そのような場合でも、当事者が想定する開発プロセスを明確化し、かつ前記のような偽装請負の疑義を避けるためには、ユーザとベンダとの間で、具体的な開発の進め方について共通認識を得るための文書を作成しておくことが推奨される。

（3）契約前チェックリスト

　契約前チェックリストについては、24頁以下で紹介したとおりである。

4　進め方指針に記載されている内容について、契約上の義務と解釈される可能性も完全には否定できない。

　実際に契約前チェックリストを見ると、事前にやっておくべきことがかなり多く、アジャイル開発なのに迅速に始めることができないように思われるかもしれない。チェックリストの内容は、全てを事前にクリアしておかなければならないというわけではないが、リストにあるような内容が問題となること、クリアできていない項目はプロジェクトにおける課題となることを認識した上でアジャイル開発に取り組むようにしなければ、結果として開発がスムーズに進まず、費用をかけたにもかかわらず成果が出ないリスクが高まる。アジャイル開発について正しい共通認識をもった上で開発を始めるために、ユーザ・ベンダが共同して、契約前チェックリストをひととおり検討しておくことが推奨される。

第 2　IPA モデル契約をカスタマイズする際の注意点

1　IPA モデル契約のカスタマイズ

　IPA モデル契約は、あくまでモデルであり、事業者ごと、案件ごとに内容を検討し、必要に応じてカスタマイズして使うことが想定されている。

　IPA モデル契約の特徴として、スクラムにおいて定義されるロールに応じた権限・義務の分配がなされていること、スクラムの基本的なプロセスが拘束力のある形で明記されていることが挙げられるが、アジャイル開発とは、常によりよい手法を探求するものであるから、IPA モデル契約に記載されているロール、プロセスよりもよい手法があるのであれば、それに応じて内容を修正することも考えられる。例えば、プロダクトオーナー補佐というのは、もともとのスクラムにはないロールであるが[5]、アジャイル開発を外部委託で行う際に、プロダクトオーナーの負荷を緩和したり、専門知識を補足するものとして、有用性がある。しかし、次に述べるとおり、避けるべきカスタマイズもある。

5　もっとも、スクラムガイド（2020 年版）では、プロダクトオーナーが行うべき作業について、他の人に委任することもできる（但し、そのような場合でも、最終的な責任はプロダクトオーナーが持つ）とされている。

2　避けるべきカスタマイズ

（1）スクラムのフレームワークのバランスを破壊するカスタマイズ

　カスタマイズを行うとしても、スクラムのフレームワークのバランスを破壊してしまう変更は避けるべきである。

　契約レビューや交渉では、少しでも自社に有利な内容とすべく、自社の権限をなるべく広げ、責任を減少させる方向で検討をしがちであるが、スクラムは開発現場で蓄積された経験知やベストプラクティスに基づき構築されたフレームワークであり、その各要素はそれぞれ特定の目的をもって全体としてスクラムの有効性を支えている。そのため、フレームワークに関する部分に強引な変更を行えば、バランスが崩れてスクラムの有効性が失われるおそれがある[6]。

　また、アジャイル開発を真剣に行うならば、ユーザとベンダが相互に積極的かつオープンに協力していく必要があり、そのようなマインドセットを損なう契約内容にすべきではない。

　さらに、スクラムのフレームワークは、スクラムチームのメンバーが対等な関係にあることや、開発者が自律性をもって判断し、開発を進められることを前提としているところ、こうした前提を崩してしまうと、ユーザからベンダの人員への指揮命令が生じ、偽装請負となるリスクが高まる。

（2）問題のあるカスタマイズの例

ア　ベンダの人員だけでプロダクトオーナーを担当するような変更

　問題があると思われる変更の例として、まずプロダクトオーナーをベンダ側の人員だけに担当させるような変更が挙げられる。ソフトウェア開発に関する専門知識がなく、開発をコントロールできる人員がいないユーザとしては、プロダクトオーナーをベンダから出してもらい、ベンダでバックログの内容も含めた取りまとめを行ってもらいたいと考えるかもしれない。しかし、プロダクトオーナーは自社のプロダクトの方向性や内容を決定する重要

6　スクラムガイド（2020 年版）1 頁

な役割である。それをベンダに委ねてしまう場合、真にユーザが必要とする価値が実現できず、アジャイル開発のメリットが小さくなってしまうおそれがある。

　また、プロダクトオーナーの役割として、ステークホルダーとの調整があるが、十分な権限をもたない外部ベンダの人員がプロダクトオーナーになっても、調整が付けられず、トラブルになるリスクがあると思われる。ユーザのニーズを熟知し、かつ、ユーザの意思決定を代理できるような権限を与えられているベンダであればうまくいくかもしれないが、そのようなケースは必ずしも多くないだろう。やはり責任者としてのプロダクトオーナーはユーザ側が選定すべきであり、もし技術的な支障があるならベンダ側の人員をプロダクトオーナー補佐（プロダクトオーナーの業務を支援する役割）やプロダクトオーナー代行（プロダクトオーナーの意思決定の一部を代行する役割）として付ける方がよい。ただ、その場合も、プロダクトオーナー補佐やプロダクトオーナー代行が実質的なプロダクトオーナーとならないよう、役割と責任分担を明確にすべきと思われる。

　　イ　プロダクトオーナーの裁量でスプリントバックログを決定できるような変更

　他の問題のあり得る変更の例としては、IPA モデル契約 2 条 5 項でスプリントバックログはユーザ・ベンダ間の合意で決定することとされている点について、ユーザが自ら自由に決定できるよう、ベンダと合意せずともユーザが一方的に決定できるとする内容に変更するケースが挙げられる。

　しかし、スプリントバックログは、スプリントにおける開発対象であり、例えばユーザが開発チームの対応できる範囲を超えた過大な内容を一方的に決めてしまうと、開発チームの限られたリソースではその一部しか作ることができないことになり、スプリント期間中に動くソフトウェアを開発するというスプリントの目的が達成できないことになってしまう。こうした事態が続けば、アジャイルプロセスが適切に回らず、開発チームの士気も著しく低下することになり、効率性が下がってプロジェクトが停滞するおそれがあるため、避けるべきであろう。

第 3　IPA モデル契約の変更例

　以下では、IPA モデル契約のいくつかの条項について、カスタマイズをするにあたっての若干の考察と具体的な変更例を示す。なお、IPA モデル契約解説には、以下に掲載されていない条項も含め、逐条解説が掲載されているので、必要に応じて参照されたい。

1　第 1 条（目的）

> 第 1 条（目的）
> 本契約は、甲が本プロジェクトの目的達成のためにアジャイル開発方式を用いたプロダクト開発を行うにあたり、準委任によりその開発支援を乙に委託し、乙がこれを受託することに関し、甲と乙がお互いに協力して行う業務の内容や、甲と乙の権利及び義務について定めることを目的とする。

【条項の趣旨】

　本条は IPA モデル契約の目的を定めるとともに、同契約が準委任契約であることを明確にするための条項である。

【カスタマイズにあたって】

　IPA モデル契約は、準委任契約を前提としているが、請負契約に変更したい場合には、53 頁以下で述べた工夫の例などを参考にしながら、契約書本体部分に対して成果物の定義、成果物の納入、検査仕様書の作成・承認、成果物の検収、契約不適合責任等の規定を追加するほか、契約書別紙における体制や支払方法に関する項目など、準委任を前提とする記載を変更し、請負に即した形にする必要がある。

　条項の追加にあたっては、IPA＝経済産業省の「情報システム・モデル取引・契約書　第二版」の「第 3 節　ソフトウェア開発業務」の条項（24 条以

下）などが参考になると思われるが、契約類型を変えるものであり、通常の
カスタマイズのレベルを超える、かなり大幅な変更となるだろう。

2　第2条（アジャイル開発方式）

第2条（アジャイル開発方式）

1. 甲及び乙は、本プロジェクトにおけるアジャイル開発の方式として
   スクラムを用いるものとし、別紙第4項記載のとおり、主にプロダ
   クトオーナー、スクラムマスター及び開発者からなるチーム（以下
   「スクラムチーム」という。）を組成して開発を行う。

2. 本契約における開発の対象は、別紙第2項記載のプロダクト（以下
   「開発対象プロダクト」という。）とし、甲及び乙は別紙第3項記載の
   スケジュールに従って開発を行う。

3. 甲は、開発対象プロダクトに関する甲の要求事項（開発する機能のほ
   か、非機能要件への対応、リファクタリング、文書作成等の関連業務を含
   む。）及びその優先順位について乙と協議を行い、プロダクトバック
   ログ（甲の要求事項を列挙して優先順位を付けたリストをいう。）を作成
   する。

4. 甲は、乙と協議の上、自らの責任において、プロダクトバックログ
   に記載された要求事項及びその優先順位を変更することができる。

5. 甲及び乙は、スプリント（開発業務を実施するための一定の区切られた
   期間をいう。）を反復することにより、開発対象プロダクトを開発す
   る。甲及び乙は、各スプリントの開始前に、両当事者の合意により
   スプリントバックログ（プロダクトバックログの中から選定される、次
   のスプリントでの開発対象となる要求事項と、それらを実現するために必
   要なタスクを列挙したリストをいう。）を作成してそれを対象とする開
   発を行い、各スプリントの終了時にその成果の確認を行う。

6. 甲及び乙は、本プロジェクトにおけるスクラムによる開発の進め方
   については、本契約における定め又は当事者間での別段の合意がな

　い限り、本契約に添付する「アジャイル開発　進め方の指針」（以下
　「進め方指針」という。）を指針として参照する。

【条項の趣旨】

　本条は、アジャイル開発方式としてスクラムを用いること、スクラムチーム
を組成することを宣言し、スクラムの基本的なプロセスを定める条項である。

　ユーザが（プロダクトオーナーを通じて）コントロールするプロダクトバック
ログが、スクラムのいわば核心であり、開発対象プロダクトは、プロダク
トバックログを通じてその方向性や内容が決まることになる。なお、3 項で
定められているとおり、プロダクトバックログには、開発する機能以外の要
求事項、例えば非機能要件への対応（開発対象プロダクトのセキュリティ確保
など）、リファクタリング、文書作成等も含まれる。プロダクトバックログ
は、スクラムチームで常に共有されるため、基本的に全てのタスクをプロダ
クトバックログを通じて管理するようにすれば、業務の進捗や方向性に透明
性を確保でき、関係者が共通認識をもちやすくなる。

　その他、6 項では、具体的な開発の進め方として、「アジャイル開発　進め
方の指針」を指針として参照することを定めている。

【カスタマイズにあたって】

・本条に定められたスクラムの基本的なプロセスを変更、削除することは推
　奨されない

　本条に定められた開発のプロセスはスクラムの基本にあたるものであり、
文言調整を超えてプロセス自体を変更、削除してしまうと、前述（137 頁）
のとおり、もともとスクラムのフレームワークが有していたバランスを破壊
し、有効性を失わせる危険がある。また、自社に有利な変更をしたつもりで
も、結果としてプロジェクトの停滞や破綻につながってしまうおそれがある
ため、安易な変更、削除は推奨されない。もし変更を検討するのであれば、
スクラムに精通した専門家の意見を聞き、変更に伴う影響をあらかじめ十分
検討してからにすべきだろう。

・スクラムのプロセスの詳細化

　他方、開発の進め方を詳細化する趣旨で、スクラムのフレームワークに準拠したプロセスをさらに追加することは可能である。プロセスを追加する際には、「アジャイル開発　進め方の指針」や、LIP モデル契約の内容が参考になる。LIP モデル契約では、スクラムのプロセスを IPA モデル契約よりも詳しく説明的に記述しており（同契約 4 条（反復プロセス））、契約書を読むだけで詳しいプロセスを把握することができる。もっとも、詳細なプロセスまで契約上の義務として固定すべきかどうかは、考え方の分かれるところであり、IPA モデル契約は、プロセスの詳細まで契約上の義務として定める必要はないとの考え方から、詳細なプロセスは「アジャイル開発　進め方の指針」に記載して、指針として参照することとしている。

・インセプションデッキの作成や受入条件の合意に関する追加

　LIP モデル契約が記載しているプロセスは、いずれもスクラムの一般的なプロセスであるが、特にインセプションデッキの作成や、プロダクトバックログに含まれる各要求事項についての受入条件の決定については、IPA モデル契約を用いる場合も、以下の変更例のように契約書本文で定めておくことにより、関係者間のプロジェクトに関する共通認識を深め、また受入条件（IPA モデル契約では、プロダクトオーナーが「完了確認」を行うことが定められているが、当該完了確認の際に用いる基準（完了基準）がこれに当たると考えられる。）[7] を客観化できるため、有用と思われる。なお、実務上、各要求事項の完了基準や完了確認の記録は、要求事項ごとにプロダクトバックログに記載する方法がとられることが多く、以下の変更例でもその方法を用いている[8]。

　また、開発対象プロダクトの完成確認は、4 条 3 項 5 号により、ユーザのプロダクトオーナーの役割となっているが、完成確認を行うための前提とし

7　IPA モデル契約では、4 条（甲の義務）3 項 5 号において、プロダクトオーナーの役割として「プロダクトバックログに含まれる個々の要求事項の完了確認を行うこと」が規定されており、完了確認はユーザに委ねられている。完了基準自体もユーザが決定できると解されるが、変更例のように、完了基準の決定主体を明確にしておくことが望ましい。

て受入テストが行われることが多い。そのため、以下の例では 7 項を設けて受入テストの実施と検査仕様書の作成について明記した。検査仕様書の作成、受入テストの実施及び受入テスト結果報告書の作成は、プロダクトバックログに載せることとし、実際の受入テスト実施時期については、他のプロダクトバックログアイテムと同様に、プロダクトオーナーと開発チームの協議で決定することを想定している。

（下線部は変更箇所。以下同じ）

［変更例］

2. 本契約における開発の対象は、別紙第 2 項記載のプロダクト（以下「開発対象プロダクト」という。）とし、甲及び乙は別紙第 3 項記載のスケジュールに従って開発を行う。甲及び乙は、最初のスプリントを開始する前に、別紙第 1 項の本プロジェクトの目的を前提とするインセプションデッキ（プロジェクトを行う理由、プロダクトの概要・方向性、関係する部門や人のリスト、想定されるリスク、プロジェクトで優先すべきことがら、開発期間やリソースの見積もり等、プロジェクトの全体像を簡潔にまとめた文書）を作成する。甲及び乙は、インセプションデッキの内容を変更する必要が生じた場合には、協議の上合意によりその内容を変更することができる。

3. 甲は、開発対象プロダクトに関する甲の要求事項（開発する機能のほか、非機能要件への対応、リファクタリング、文書作成等の関連業務を含

---

8 なお、第 1 章注 38 松尾＝西村『紛争解決のためのシステム開発法務』493 頁は、準委任契約の場合における業務の完了確認の枠組みとして、業務実施後一定期間以内にユーザが業務完了の確認をし、問題があれば書面で合意した内容とどのように相違するのかを明記した是正要求書を出すものとし、これが出なければ業務完了が確認されたとみなすといった条項を契約書に入れる方法を提案している。その際は、スプリント完了後に問題が発見された場合、リリース完了後に問題が発見された場合、最終リリース後に問題が発見された場合に分けて合意することが適切とする。

む。）、<u>各要求事項に係る完了基準及びその優先順位について乙と協議を行い、プロダクトバックログ（甲の要求事項及びその完了基準を列挙して優先順位を付けたリストをいう。）を作成する。</u>

5. 甲及び乙は、スプリント（開発業務を実施するための一定の区切られた期間をいう。）を反復することにより、開発対象プロダクトを開発する。甲及び乙は、各スプリントの開始前に、両当事者の合意によりスプリントバックログ（プロダクトバックログの中から選定される、次のスプリントでの開発対象となる要求事項と、それらを実現するために必要なタスクを列挙したリストをいう。）を作成してそれを対象とする開発を行い、<u>甲は、開発が完了した要求事項について、完了基準に照らして順次完了確認を行い、確認を行った日時をプロダクトバックログに記載する。甲及び乙は、各スプリントの終了時に、甲が完了確認をした要求事項を対象に、必要に応じてステークホルダーも参加の上、その成果の確認及びフィードバックの取得を行う。</u>

7. <u>甲及び乙は、別途甲乙間で定める時期に、開発対象プロダクトについて甲が完成確認を行うために必要な受入テストを実施する。受入テストの基準となるテスト項目、テストデータ、テスト方法、テスト期間等受入テストの仕様を定める検査仕様書は、乙が甲と協議の上作成し、甲の承認を得る。なお、検査仕様書の作成、受入テストの実施及び受入テストに係る結果報告書の作成については、要求事項としてプロダクトバックログに加える。</u>

・進め方指針に関する言及の削除
　IPA モデル契約では、進め方指針を「指針として参照する」こととしている。この規定の趣旨は 134 頁記載のとおりであり、当該指針に記載された内容について、契約上の義務とするものではないが、開発の進め方について当

事者間の認識が異なる事態は避ける必要があるため、指針として参照するという形で、いわば緩やかな拘束力をもたせようとするものである。当事者間でアジャイル開発の具体的な進め方について認識の齟齬がないよう合意しておくことは、偽装請負の懸念への対応としても意味がある。

　しかし、前記のとおり、「指針として参照する」といった表現は、一般的に用いられる文言ではないことから、契約条項として含めることに躊躇する場合もあると思われる。そのような場合には、6項を削除することも可能である。

　もっとも、IPA モデル契約では、「アジャイル開発の方式としてスクラムを用いる」こと（2条1項）、4条及び5条で定めるスクラムのロールに従うこと、また、2条3項から5項で定める基本的なスクラムのプロセスに従うことは契約上明確になっているものの、スクラム自体が様々なプラクティスを柔軟に取り込むことができるフレームワークであることからしても、これだけで開発の進め方が十分に特定されるわけではない。

　そのため、6項を削除するとしても、何らかの形で開発の進め方についてユーザとベンダが認識合わせを行っておかなければ、両当事者の認識に齟齬があった場合にトラブルになり得るほか（ベンダのプロジェクトマネジメント義務違反のリスク）、アジャイル開発の理念から離れた進め方となってしまい、両当事者間の対等な関係やベンダ人員の自律性が失われて、偽装請負と評価されるリスクが高まるおそれもある。

　したがって、6項を削除するとしても、ユーザとベンダは、具体的な開発の進め方について、共通認識をもつために別途合意をしておくことが推奨される。

・別紙記載のスケジュールの法的意味の明確化

　本条では、別紙3項記載のスケジュールに従って開発を行う旨規定されている。

　スケジュールに沿った開発の主体は「甲及び乙」であり、ユーザとベンダの双方であるが、ベンダが開発チームを担っており、専門家として適切な業務遂行を行わなかったために、別紙記載のスケジュールに遅延が生じたよう

な場合には、ベンダは善管注意義務違反による損害賠償責任を負うおそれがある。

　アジャイル開発の場合、開発する機能が当初の予定から大幅に変更されることもあるため、IPA モデル契約では、別紙のスケジュールを記載する際には、特定の機能に絡めた記載をせず、マイルストーンレベルにとどめておくことが推奨されている[9]。もっとも、マイルストーンレベルとはいえ、事前にベンダがそのスケジュールどおりに進めることに合意していた場合、特に事後的な開発ボリュームの増大等がないにもかかわらずそれに遅延することは、ユーザ側による意思決定の遅れやバックログ管理の失敗等の別の原因があったことを示せない限り、ベンダの責任によるものと評価されるおそれがある。しかし、ベンダがこうした責任を過剰に恐れてしまうと、スケジュールにこだわり過ぎるあまり、特にユーザによる要求事項の変更や追加に対して、硬直的・保守的な対応になってしまいかねず、それはアジャイル開発の利点を減殺することになる。

　そのため、スケジュールに記載したマイルストーンが、ユーザにとってあくまで目安程度のものであり、柔軟に調整可能というのであれば、契約においてその旨明記しておくことが考えられる。

［変更例］

2. 本契約における開発の対象は、別紙第 2 項記載のプロダクト（以下「開発対象プロダクト」という。）とし、甲及び乙は別紙第 3 項記載のスケジュールに従って開発を行う。なお、甲及び乙は、当該スケジュールが本契約締結時における目安であり、別途乙に善管注意義務違反がない限り、遅延したことそれ自体によって、乙に法的な責任が生じるものではないことを確認する。

9　IPA モデル契約解説 56 頁

3 第3条（体制）

第3条（体制）
1. 甲及び乙は、開発対象プロダクトを開発するにあたり、別紙第6項で定めた業務（以下「本件業務」という。）を、それぞれ同項記載の役割分担に従って行うとともに、相手方の担当業務についても誠意をもって協力する。
2. 甲及び乙は、本件業務を遂行するにあたり、別紙第4項の体制に基づき、それぞれ業務従事者を選任する。
3. 甲及び乙は、それぞれ本件業務の実施責任者を選任し、本件業務に関する指示、要請、依頼等の連絡を行う場合には、双方の実施責任者を通じて行う。
4. 甲及び乙は、労働関係法令及びその他の適用のある法令に基づき、自らの業務従事者に対する雇用主としての一切の義務を負い、自らの業務従事者に対して本件業務の遂行、労務管理及び安全衛生管理等に関する一切の指揮命令を行う。
5. 甲又は乙が、自らの業務従事者を変更する場合は、委託業務の遂行に支障を及ぼさないよう、事前に相手方に対し、新旧の業務従事者の氏名及び交替理由を書面により通知するものとし、変更に当たって十分な引継ぎを行わせるものとする。

【条項の趣旨】
　本条は、開発における体制を定める条項であり、体制の詳細は別紙4項に定めることとされている。
　本条3項及び4項は、厚生労働省の派遣・請負区分基準を意識して、業務の遂行が派遣（偽装請負）と判断されないよう、契約上、実施責任者（管理責任者）の選定と指揮命令の主体を明確にするものである。
　5項は、アジャイル開発が少人数かつ同一チームによる継続的な開発を想定したものであることもふまえ、スクラムチームのメンバーの交代時の手

続、特にその後の開発が滞らないよう、事前通知と十分な引継ぎを行わせることを定めたものである。

【カスタマイズにあたって】

・偽装請負防止の観点からの、疑義応答集第 3 集をふまえた変更

　本条 3 項及び 4 項は、業務委託を偽装請負と評価されないための一般的な文言である。但し、労働局が偽装請負であるか否かを判断する際には、労働局が調査した実態に基づき評価されることになるため、この文言があったとしても、実態として派遣・請負区分基準に抵触するような状態が生じていれば、偽装請負と判断され得る。

　偽装請負と判断されないようにするためには、疑義応答集第 3 集をふまえた対応（128 頁参照）を行うことが望ましい。その観点からの、本条の具体的な変更例として、次のようなものが考えられる。但し、偽装請負に該当するか否かは、あくまで実態が問題となり、契約文言は正しい実態の実現を要求するものに過ぎないことに留意されたい。

［変更例］

2.　甲及び乙は、本件業務を遂行するにあたり、別紙第 4 項の体制に基づき、それぞれ業務従事者を選任する。なお、甲及び乙は、自らの業務従事者のうち、アジャイル開発の経験が十分でない者に対して、事前研修等により、アジャイル開発の特徴及び進め方についての理解を促すものとする。

3.　甲及び乙は、それぞれ本件業務の実施責任者を選任し、本件業務に関する指示、要請、依頼等の連絡（但し、指揮命令に該当しない情報共有、議論、助言、提案はこれに含まれない。）を行う場合には、双方の実施責任者を通じて行う。甲及び乙は、アジャイル開発が甲及び乙の対等な関係の下で協働により進められるものであり、乙の業務従事者は、本件業務の遂行にあたって、甲による指揮命令となるような甲の個別の指示、要請、依頼等に従う義務はなく、自律的な判断に基づき本件業務を行うことを確認する。

4　第4条（甲の義務）

第4条（甲の義務）
1. 甲は、本プロジェクトの実施主体として、本件業務のうち自らの担当業務を遅滞なく行うとともに、本件業務が円滑に行われるよう、スクラムチームに対する情報提供及び必要な意思決定を適時に行う。
2. 甲は、本件業務を開始する前に、プロダクトオーナーを選任する。
3. 甲は、プロダクトオーナーに次の役割を担わせる。なお、プロダクトオーナーの行為（不作為も含む。）に関する責任は全て甲が負う。
   ① スクラムチームに対して開発対象プロダクトのビジョンや意義を示し、開発対象プロダクトの価値を最大化するよう努めること
   ② プロダクトバックログの作成及び優先順位の変更を行うこと
   ③ 別紙第5項記載の会議体のうち、出席を要するものに出席すること
   ④ 開発対象プロダクト（開発途中のものも含む。）に対するステークホルダー（開発対象プロダクトの利用者、出資者等の利害関係者）からのフィードバックを提供すること
   ⑤ 開発対象プロダクトの完成確認及びプロダクトバックログに含まれる個々の要求事項の完了確認を行うこと
   ⑥ 本件業務を遂行するために乙が必要とする情報提供及び意思決定を適時に行うこと
   ⑦ 本件業務が円滑に遂行されるよう、ステークホルダーとの調整を行うこと

【条項の趣旨】

本条は、ユーザの義務を定める条項である。

1項では、ユーザが本プロジェクトの実施主体であることが明確にされた上、別紙記載の自らの担当業務を行う義務、本件業務が円滑に行われるよう、スクラムチームに対する情報提供及び必要な意思決定を適時に行う義務が規定されている。また、2項ではユーザがプロダクトオーナーを選任する

こととされ、3 項ではプロダクトオーナーの役割が規定されている。

79 頁記載のとおり、1 項及び 3 項は、（ベンダのプロジェクトマネジメント義務に対応するところの）ユーザの協力義務の一部を具体化するものとして扱われ得る。

【カスタマイズにあたって】

・プロダクトオーナーをユーザ以外から選任することは推奨されない

138 頁記載のとおり、プロダクトオーナーはプロジェクトの主体であるユーザの人員から選任されるべきであり、ベンダ（又は第三者）の人員を選任してしまうと、開発対象プロダクトの内容自体をベンダや第三者に丸投げすることになりかねず、ユーザにとって真に価値のあるプロダクトを開発するというアジャイル開発の目的が達成できなくなるおそれがある。

・プロダクトオーナー補佐・プロダクトオーナー代行の選任

もっとも、プロダクトオーナーの役割は、要求される能力の面でも負荷の面でも、かなり重いものであり、役割が果たされなければプロジェクト自体が停滞するおそれがある。そこで、必要に応じて、（プロダクトオーナーの責任のもとで）その業務を支援するプロダクトオーナー補佐や、より直接的に一部の意思決定を代行するプロダクトオーナー代行を選任することが考えられる。特にプロダクトオーナー代行を選任する場合には、その権限の範囲（どの範囲で意思決定を代行させるのか）を明確にしておく必要がある。

［変更例］

4. 甲は、乙と協議の上、自己の責任で、プロダクトオーナーの業務を支援するプロダクトオーナー補佐、又はプロダクトオーナーに代わってその業務の一部を行うプロダクトオーナー代行を選任することができる。甲は、これらの役職を選任する場合には、権限の範囲を明確に定めて乙に伝えるものとする。

・完了確認、完成確認

　3 項 5 号では、開発対象プロダクトの完成確認及びプロダクトバックログ
に含まれる個々の要求事項の完了確認がプロダクトオーナーの役割とされて
いる[10]。

　2 条に関して、完了基準の決定について明確化する変更例及び受入テスト
を明記する変更例を示したが、もし 2 条について当該変更を行うのであれ
ば、それと合わせて、4 条 3 項 5 号以下についても、次のように変更するこ
とが考えられる。

［変更例］

　⑤スプリントにおいて開発が完了した要求事項について、完了基準に
　　照らして順次完了確認を行い、確認を行った日時をプロダクトバッ
　　クログに記載すること

　⑥第 2 条第 7 項に定める受入テストの実施が完了し、当該受入テスト
　　に係る結果報告書を甲が受領した日から○日以内に、開発対象プロ
　　ダクトの完成確認を行い、乙に確認結果を通知すること

　⑦本件業務を遂行するために乙が必要とする情報提供及び意思決定を
　　適時に行うこと

　⑧本件業務が円滑に遂行されるよう、ステークホルダーとの調整を行
　　うこと

5　第 5 条（乙の義務）

第 5 条（乙の義務）

1.　乙は、情報処理技術に関する専門知識及びノウハウに基づき、善良

10　なお、IPA モデル契約 17 条では、要求事項の完了確認は、ベンダからユーザへの著作
　　権移転の要件の一つになっている。

な管理者の注意をもって、本件業務のうち自らの担当業務を行う。なお、甲及び乙は、本契約は準委任契約であり、乙が開発対象プロダクトの完成義務を負うものではないことを確認する。

2. 乙は、前項の善管注意義務を果たすために、乙の有する専門知識及びノウハウを活用し、甲に対して、プロダクトバックログの内容及び優先順位に関する助言、開発スケジュールの見通し、並びに開発対象プロダクトの技術的なリスクに関する説明を行うなど、開発対象プロダクトの価値を高めるよう努める。

3. 乙は、本件業務を開始する前に、スクラムマスターを選任する。

4. 乙は、スクラムマスターに、本件業務が円滑に遂行されるよう、本件業務の遂行の妨げとなりうる事象を積極的に把握し、それを排除するよう努める役割を担わせる。なお、スクラムマスターの行為（不作為を含む。）に関する責任は全て乙が負う。

【条項の趣旨】

　本条はベンダの義務を定める条項である。

　1 項ではベンダが善管注意義務に従って別紙記載の担当業務を行う旨定められており、2 項ではその善管注意義務を具体化した内容が示されている。

　また、3 項ではベンダがスクラムマスターを選任することとされており、4 項ではプロジェクト上の障害を積極的に把握し排除するよう努めることをスクラムマスターの役割として定めている。

【カスタマイズにあたって】

・スクラムマスターの選定主体の変更

　3 項では、スクラムマスターの選定主体をベンダとしているが、ユーザが（自社又は第三者の人員のスクラムに精通した人員から）選定することとしてもよい。その場合には、3 項及び 4 項を修正することになる。なお、そのように修正した場合には、4 項のスクラムマスターの役割に関する責任は、ベンダでなくユーザが主体となって負うことになるため、ベンダが 4 項に基づい

て負っていた、プロジェクトの障害となり得るリスクを事前に把握して排除する義務（ベンダの善管注意義務・プロジェクトマネジメント義務の一部をなすと考えられるもの。78 頁参照）が緩和される方向に傾くと考えられる。

・スクラムマスターの役割の追加

4 項では「本件業務が円滑に遂行されるよう、本件業務の遂行の妨げとなりうる事象を積極的に把握し、それを排除するよう努める役割」が規定されている。これは開発を進めるにあたっての、スクラムマスターの重要な義務であるが、スクラムマスターの役割は本来これにとどまらない。

スクラムガイド（2020 年版）では、スクラムマスターは、スクラムガイドで定義されたスクラムを確立させることの結果に責任をもち、スクラムチームと組織において、スクラムの理論とプラクティスを全員に理解してもらえるよう支援することで、その責任を果たすとされている。

そこで、以下のように、こうしたスクラムの確立に関する役割を契約上明確に規定し、かつ、偽装請負防止の観点から、両当事者の対等な関係の下での協働、及び業務の遂行方法に関するベンダの人員の自律的な判断の確保について、スクラムマスターを通じたチェックと問題改善を行うことを明記することが考えられる。また、130 頁記載のように、スクラムマスターは、こうしたチェックを行った際にその記録を付けておく方が、何らかの理由で偽装請負該当性が調査されることになった場合も、記録に基づき説明がしやすくなるため望ましいといえる。

［変更例］

4.　乙は、スクラムマスターに、次の役割を担わせる。なお、スクラムマスターの行為（不作為を含む。）に関する責任は全て乙が負う。

①本件業務が円滑に遂行されるよう、本件業務の遂行の妨げとなりうる事象を積極的に把握し、それを排除するよう努める役割

②本件業務が、アジャイル開発の理念に基づくスクラムの方式に従って進められるよう、プロダクトオーナー及び開発者に対して適宜助言する役割

③本件業務が、アジャイル開発の理念に基づくスクラムの方式に従い、甲及び乙の対等な関係の下で協働により進められており、乙の業務従事者が本件業務を遂行するにあたり、当該業務従事者の自律的な判断に基づき本件業務を行える状況が確保されていることを適宜確認し、問題があれば指摘して改善する役割

6　第 6 条（変更管理）

第 6 条（変更管理）

1. 甲と乙は、本契約及び別紙に規定された内容について変更の必要が生じた場合には、その変更の具体的内容及び理由を示した書面を相手方に交付して、変更の協議（以下「変更協議」という。）の開催を要請することができる。

2. 甲と乙は、相手方より前項の要請があったときは、速やかに協議に応じなければならない。

3. 変更協議においては、変更の目的、変更の対象、変更の可否、変更の影響等を検討し、変更を行うか否かについて両当事者とも誠実に協議する。

4. 変更協議には、甲と乙双方の責任者（変更協議の対象事項に関する意思決定を行う権限を有する責任者をいう。本条において以下同じ。）及び責任者が適当と認める者が出席することができる。また、甲と乙は、変更協議に必要となる者の出席を相手方に求めることができ、相手方は合理的な理由がある場合を除き、これに応じる。

5. 変更協議の結果、本契約の内容を変更することが合意された場合には、甲と乙は、変更内容が記載された変更合意書に記名押印しなければ、当該変更は有効とならない。

6. 変更協議を行っても協議が調わないまま、最初の変更協議の日から【　】日間が経過した場合又は変更協議が開催されることなく第 1 項の要請があった日から【　】日間が経過した場合は、甲又は乙は、

書面によって相手方に通知することにより、本契約を将来に向かって解除することができる。この場合、甲は乙に対し、当該解除までに乙が実施した本件業務に対応する委託料を支払う。

7. 前項により本契約が解除された場合であっても、相手方に対する第21 条（損害賠償）に基づく損害賠償の請求は妨げられない。

8. 甲及び乙は、進め方指針の内容について変更の必要が生じた場合には、スクラムチームにおいて変更を行うか否かについて誠実に協議を行う。当該協議の結果、変更することが合意された場合には、甲と乙は、議事録を作成して変更内容を記録し、当該協議に参加した両当事者の業務従事者が署名を行う。

【条項の趣旨】

　本条は契約内容の変更管理に関する条項である。ウォーターフォール開発に関する IPA ＝経済産業省の情報システム取引モデル契約書（第 2 版）でも変更管理手続は定められているが、そちらは契約書以外の、システム仕様書等も対象として含んでいる。アジャイル開発では、システム仕様書を作成して仕様を固定するのではなく、ユーザが必要とするのであれば事後的な仕様の変更もプロダクトバックログを通じた通常のプロセスの中で受け付けることになるため、結果として、本条の対象は契約内容だけとなっている[11]。

---

11 LIP モデル契約 8 条 4 項には、「受注者又は発注者は、開発チームがその役割を果たすために必要と認められる合理的理由がある場合は、その理由を説明のうえ、契約条件又は開発チームのメンバーの変更を申し入れることができる。この場合、両当事者は信頼関係を維持するために最大限の誠意をもって協議を行い、問題解決のための合意に至るよう努力する。但し、変更申入れから○日以内に合意に至らなければ、解除できる。但し、誠意をもっての交渉に意味がない程度に信頼関係が破壊されている場合には、速やかに本契約を解除できる」という定めがある。なお、LIP モデル契約のユニークな試みとして、契約違反を含む一般的な解除事由に該当したとしても、解除権が行使される前に、一方当事者から「解除を回避するための具体的解決策」が提案された場合には、協議を行ってからでなければ解除できないという制限が設けられている（LIP モデル契約 8 条 1 項、2 項）。契約関係をなるべく維持しようとする趣旨によるものであり、こうした仕組みが実際にどのように使われるのかは興味深い。

【カスタマイズにあたって】

・協議が調わない場合の解除について

　6 項では、変更協議を行っても協議が調わない場合や、申入れにもかかわらず一定期間変更協議が開催されない場合には、いずれの当事者も本契約を将来に向かって解除することができることとしている。

　この点に関しては、IPA モデル契約の解説 25 頁記載のとおり、債務不履行となる行為をした当事者や、自らの一方的な都合で契約からの離脱を望む当事者が、本項の解除権を利用することで機会主義的に契約から離脱することを認めるべきでないとの考え方から、本項の解除権行使につき、当事者が債務不履行をしていないことや、求める変更について合理的な理由があることを要件とする案もあった。しかし、そのような要件を加えることについては、（ⅰ）債務不履行の有無や変更理由が合理的であるか否かを巡って当事者間で解釈の違いが生じ、解除の可否が不明確となって、プロジェクトが膠着状態に陥り、アジャイル開発の利点であるスピードが損なわれるおそれがあること、（ⅱ）アジャイル開発は両当事者の信頼関係に依拠するものであるところ、一方当事者がそうした機会主義的な解除を求めている時点で、そのような当事者と信頼関係を維持し正常な開発を継続することは困難な場合も多いと考えられる等、アジャイル開発の特質に即した懸念もあり、結果として本条 6 項は、両当事者とも、特に制限なく解除ができることとされている（但し、もし解除した当事者に債務不履行があれば、損害賠償請求の対象となるため、解除により責任を免れられるわけではない。）。

　協議不調の場合の解約について一定の要件を設けるべきか否かは、悩ましい問題であるが、少なくともユーザによる解除を妨げるような要件を設ける必要性はないと考えられる。ユーザは発注者でありプロジェクトのオーナーであるから、ユーザが解除をして開発を中止したいと考えているのであれば、それ以上開発をしても意味がない。そのため、たとえユーザの主張に合理性がなく、またユーザに何らかの債務不履行があったとしても、ベンダに対する委託料の支払（及び損害賠償請求権）が確保されるのであれば、基本的にベンダにとって不利益はないといえる[12]。

　問題があるとすればベンダによる解除である。ユーザの立場からすれば、開発途中における、ベンダの一方的な離脱は当然避けたいであろうし、ベンダが解除を求めているからといって、必ずしも両当事者の信頼関係（特に、会社間ではなく、現場の開発担当者間の信頼関係）が失われる状況になっているとは限らない。

　ベンダ側からの変更要請としては、例えばユーザが望む期間でプロジェクトを完了させるために、体制を強化する契約（別紙）変更を求めるといったケースが考えられるが、IPA モデル契約の別紙サンプルにあるような、成果にかかわらず一定の期間ごとに委託料の支払が行われる方式であれば、ユーザが変更を拒んだとしても、基本的には同じ条件で稼働を継続することで委託料は得られ、特段の不利益はないと考えられる。ベンダが特に解除を求めるとすれば、何らかの事情で委託料が一定の成果と引き換えになっているケース（例えば、成果報酬型準委任としたケース）であって、ユーザ側の問題でプロジェクトが停滞して成果の完成になかなか至らないような場合が考えられるが、アジャイル開発であるにもかかわらず、そのような契約にしてしまったこと自体が問題であるといえるし、ユーザ側の問題をユーザの義務違反と構成できるのであれば、本条に基づく解除によらず、4 条 1 項や 3 項の義務違反に基づく解除を主張する余地もある。そうすると、本条については、ベンダからの解除は認めず、ユーザのみ解除できるという内容に変更をすることも合理性があると考えられる。

［変更例］

6.　変更協議を行っても協議が調わないまま、最初の変更協議の日から【　】日間が経過した場合又は変更協議が開催されることなく第 1 項の要請があった日から【　】日間が経過した場合は、甲は、書面によって乙に通知することにより、本契約を将来に向かって解除する

12　変更の協議不調に伴う契約終了に関する、IPA＝経済産業省の情報システム取引モデル契約書（第 2 版）38 条の解説（118 頁）参照。

　　ことができる。この場合、甲は乙に対し、当該解除までに乙が実施
　　した本件業務に対応する委託料を支払う。

・別紙 1 項、2 項の変更について

　8 項では、進め方指針の内容について、スクラムチームにおいて変更が合
意されれば、議事録を作成して変更内容を記録し、当該協議に参加した両当
事者の業務従事者が署名を行うことで変更できることとしている。

　開発の進め方については、スクラムチームに委ねられていることから、簡
易な手続で変更できることを明確にしたものであるが、なるべくスクラム
チームに裁量を与えるという観点からは、別紙 1 項の本プロジェクトの概
要、別紙 2 項の開発対象プロダクトについても、進め方指針同様、スクラム
チームにおける変更の合意により柔軟に変更ができるようにすることも考え
られる。具体的には、別紙 1 項、2 項を本条 1 項に定める変更管理手続の対
象から外し、本条 8 項の対象とするような変更となる。

　ただ、IPA モデル契約の解説によれば、別紙 1 項に記載されるプロジェク
トの目的・内容や、2 項の開発対象プロダクトの概要は、開発の方向性を基
礎付けるものであり、これらが変更されるとプロジェクトに大きく影響する
重要なものであることから、事後的に変更するためには、本条の変更管理手
続を経ることとしたと説明されている[13]。もしユーザとして、こうしたプロ
ジェクトの根本部分については、プロダクトオーナーに変更を委ねるわけに
はいかないということであれば、元の条文を維持すべきであろう。なお、そ
の場合であっても、あくまで別紙 1 項、2 項は大枠を示すものとして扱い、
詳細については、（スクラムチームで自由に変更可能な）インセプションデッ
キやプロダクトバックログで取り決めるといったように、契約外の文書を活
用して柔軟に対応することもできる。

13　IPA モデル契約解説 55〜56 頁

7　第 7 条（問題解消協議）

第 7 条（問題解消協議）

1. 甲と乙は、本件業務の円滑な遂行を困難ならしめる問題（相手方が自らの役割を十分に果たさない場合や、スクラムチームの体制に不足がある場合等を含む。）が生じ、スクラムチーム内では当該問題の解消が困難な場合には、その問題の具体的内容等を示した書面を相手方に交付して、問題解消のための協議（以下「問題解消協議」という。）の開催を要請することができる。

2. 甲と乙は、相手方より前項の要請があったときは、速やかに問題解消協議に応じなければならない。

3. 問題解消協議においては、問題の解消に向けて両当事者とも誠実に協議する。

4. 問題解消協議には、甲と乙双方の責任者（問題解消協議の対象事項に関する意思決定を行う権限を有する責任者をいう。本条において以下同じ。）及び責任者が適当と認める者が出席することができる。また、甲と乙は、問題解消協議に必要となる者の出席を相手方に求めることができ、相手方は合理的な理由がある場合を除き、これに応じる。

5. 問題解消協議を行っても協議が調わないまま、最初の問題解消協議の日から【　】日間が経過した場合又は問題解消協議が開催されることなく第 1 項の要請があった日から【　】日間が経過した場合は、甲又は乙は、書面によって相手方に通知することにより、本契約を将来に向かって解除することができる。この場合、甲は乙に対し、当該解除までに乙が実施した本件業務に対応する委託料を支払う。

6. 前項により本契約が解除された場合であっても、相手方に本契約に基づく義務の違反があるときは、第 21 条（損害賠償）に基づく損害賠償の請求は妨げられない。

【条項の趣旨】

本条は問題解消協議に関する条項である。

スクラムでは、自律的に開発を進めるために必要な権限がスクラムチームに与えられているが、本条は、スクラムチーム内での解消が難しい問題について、両当事者の責任者にエスカレーションして協議を行い、解消しようとするものである。

本条が対象とするのは、「本件業務の円滑な遂行を困難ならしめる問題…が生じ、スクラムチーム内では当該問題の解消が困難な場合」とされており（1 項）、具体的な問題の内容は限定されていないが、IPA モデル契約の解説 28 頁では、例として、「プロダクトオーナー等の人選に問題があり、本来果たすべき役割が果たされないためにプロジェクトが停滞するような場合」が挙げられている[14]。

【カスタマイズにあたって】

・協議が調わない場合の解除について

本条は、前条と同じ構成をとっており、協議が調わなかったり、一定期間内に問題解消協議が開催されない場合には、両当事者が本契約を解除できることとされている（5 項）。

この点については、前条と同じく、ベンダからの解除は認めないよう変更することが考えられる。

［変更例］

5. 問題解消協議を行っても協議が調わないまま、最初の問題解消協議の日から【　】日間が経過した場合又は問題解消協議が開催されることなく第 1 項の要請があった日から【　】日間が経過した場合

14　DX レポートでは、モデル契約の見直しにあたり、「プロダクトオーナーが役割を全うしない場合の対応方法の明確化」を検討すべきとしていたが、本条項に基づく問題解消協議はそれに対応するものと考えられる。

> は、甲は、書面によって乙に通知することにより、本契約を将来に
> 向かって解除することができる。この場合、甲は乙に対し、当該解
> 除までに乙が実施した本件業務に対応する委託料を支払う。

　しかし、このように変更した場合、解除ができないベンダの交渉力は弱ま
ることになる。IPA モデル契約の解説で例に挙げられているような（ユーザ
の）「プロダクトオーナー等の人選に問題があるような場合」を想定する
と、開発チームが、役割を果たさないプロダクトオーナーに耐えかねて、責
任者を交えた問題解消協議を開催して協議したにもかかわらず、ベンダの交
渉力不足でユーザ側がプロダクトオーナーの変更に応じなかった場合、開発
チームの士気やその後のプロジェクトの進行にかなりの悪影響が出るかもし
れない[15]。もっとも、もしプロダクトオーナーが契約上定めている役割を全
く果たさないような場合には、ベンダは別途、4 条 1 項や 3 項のユーザの義
務違反に基づく解除を主張する余地があるため、それを交渉で持ち出すこと
も考えられる。また、次に述べるような、業務の中止に関する条項を追加す
ることで交渉力のバランスをとる方法もあり得る。

・業務の中止に関する条項の追加

　本条が対象とする具体的な問題の内容は限定されていないが、特にベンダ
にとって重要な問題が生じている場合には、IPA＝経済産業省の情報システ
ム取引モデル契約書（第 2 版）にあるような、ベンダ側の業務の中止権限に
関する規定を、以下の追加例のような形で設けることが考えられる。

　プロダクトオーナーが契約上定めている役割を全く果たさず、その結果ベ
ンダの業務に著しい支障を来しているような場合には、以下の追加例の 1 項 3
号に該当するとして業務の遂行を（適法に）中止することにより、解除よりも
マイルドな対応をとりながらユーザと交渉を行うことができると考えられる。

15　経済的には、ベンダに対する委託料の支払（及び損害賠償請求権）が確保されるので
　あれば、基本的にベンダにとって不利益はないと考えられるが、現場のモチベーショ
　ンが著しく下がる場合、トラブルのリスクが高まるほか、優秀な人材の退職等につな
　がるおそれもある。

［追加例］

<u>第〇条　（本件業務の中止）</u>

1. <u>乙は、甲につき次の各号の事由が生じたときは、当該事由が解消するまでの間、本件業務を中止することができるものとする。</u>
   ① <u>甲が委託料の支払を遅滞し乙の催告にかかわらず延滞が解消されないとき</u>
   ② <u>甲が本契約の各条項に違背したとき</u>
   ③ <u>前 2 号のほか、甲の責めに帰すべき事由により乙の業務に著しい支障を来し、又はそのおそれがあるとき</u>
2. <u>前項の場合、乙は、その事由の発生後直ちに本件業務を中止した旨甲に対し通知するものとする。</u>

第 4　IPA モデル契約の別紙のカスタマイズ

　IPA モデル契約においては、案件ごとに取り決める必要がある事項は、別紙に集約されている。別紙について、IPA モデル契約は、項目と記載の枠を用意し、サンプルとなる例を記載しているが、記載の自由度が高いため、具体的にどう書けばよいのかわからない場合もあると思われる。

　以下では、IPA モデル契約の別紙サンプルをもとにした変更例と、いくつかの追加的なサンプルを示すこととしたい。

1　IPA モデル契約別紙サンプルの変更例

（下線部は変更箇所）

1. **本プロジェクト**

現在、甲の営業部門において使用している営業日報作成・管理のシステムは、10 年以上前に開発されたもので、社内の PC からしか使用できず、インターフェイスも使いにくい。営業日報には営業が集めてきた様々な情報が含

まれているが、検索性が低いために単なる記録にとどまっており、情報を組織として十分活用できていない。

本プロジェクトでは、従来のシステムに代わる新たなシステムを開発する。新システムでは、スマートフォンからも使用できるようにし、営業担当者らの意見を聞きながら、インターフェイスや検索性を改善して、情報をより組織的に活用できるようにする。

<u>なお、甲及び乙は、本プロジェクトの上記目的を前提とするインセプションデッキを作成し、必要に応じて協議の上変更を行うことで、本プロジェクトの概要を共有する。</u>

2. 開発対象プロダクト

甲の営業部門において使用する営業日報作成・管理システム

（サーバアプリケーション、モバイルアプリケーション、データベース、クラウド環境を含む。）

3. スケジュール

20XX 年 X 月　トライアル版リリース

20XX 年 X 月～X 月　営業部門からのフィードバックを得ながら改善を実施

20XX 年 XX 月　ファーストバージョンリリース

20XX 年 X 月～X 月　営業部門からのフィードバックを得ながら改善を実施

20XX 年 XX 月　セカンドバージョンリリース

<u>（注）本スケジュールは目安であり、遅延が生じたとしても、乙が本契約第 5 条に定める義務を果たしている限り、乙は責任を負わない。</u>

4. 体制（スクラムチーム構成）

（1）乙の体制

役割	求められる経験・スキル	想定 FTE[※]
スクラムマスター	スクラムマスター認定資格を保有し、1 年以上のスクラムマスター経験があること。	<u>0.5</u>

| 開発チーム
（開発チームメンバのうち 1 名は乙側実施責任者を兼務。なお、<u>スクラムマスターも開発チームメンバを兼務可能</u>） | Ruby on Rails での開発経験があるサーバーサイドエンジニア、iOS・Android 向けアプリの開発経験があるモバイルエンジニア、UI デザイナ、各種クラウドサービスに精通したインフラエンジニアが含まれていること。
サーバーサイドエンジニア、モバイルエンジニアは 1 年以上のテスト駆動開発の経験があること。 | <u>4.5</u> |

（2）甲の体制

役割	求められる経験・スキル	FTE^(※)
プロダクトオーナー （甲側実施責任者を兼務）	甲での営業部門経験が 2 年以上あり、業務に精通していること。 甲の経営幹部と週に 1 回以上、直接コミュニケーションを取れる立場であること。	1.0
開発チーム	甲の業務に精通した者が含まれていること。	1.5

※　FTE はフルタイム当量。フルタイム勤務に換算した場合の、必要な要員数。

5. 会議体

会議名	開催日	会議目的	備考
<u>リリースプランニング</u>	<u>プロダクトオーナーが開催を要請する日</u>	<u>●リリースまでに必要なスプリント数を見積って、スケジュールを検討</u>	<u>プロダクトオーナーの出席を要する</u>
スプリントプランニング	スプリント開始日	●スプリントバックログの決定	プロダクトオーナーの出席を要する
デイリースクラム	毎日	●日次進捗確認 ●業務予定確認 ●課題確認 ●障害確認	プロダクトオーナーは必要に応じて出席する
スプリントレビュー	スプリント終了時	●開発したプロダクトの動作確認 ●バックログ等確認	プロダクトオーナーの出席を要する ステークホルダーは必要に応じて出席する

スプリントレトロスペクティブ	スプリントレビュー後	●実施したスプリントの振り返りと要改善点の確認	プロダクトオーナーは必要に応じて出席する
バックログリファインメント	随時	●プロダクトバックログの追加、変更、優先順位の検討	プロダクトオーナーの出席を要する

6. 本件業務の内容及び役割分担

(1) 準備フェーズ（要求の洗い出し、最初のプロダクトバックログ作成）

　　① 共同担当業務：リリースプランニング、開発に必要な環境の準備

　　② 乙の担当業務：プロダクトオーナーの求めに応じた支援

　　③ 甲の担当業務：プロダクトバックログ作成

(2) 開発フェーズ（スプリントを繰り返してリリース可能なプロダクトを開発）

　　① 共同担当業務：スプリントバックログ作成、バックログの継続的改善

　　② 乙の担当業務：スプリントバックログ作成にあたってのベロシティ及び業務量見積提示、スプリントバックログに記載された要求事項の開発

　　③ 甲の担当業務：業務分析、開発に必要な情報の提供、乙の求めに応じた意思決定、リリース承認、開発されたプロダクトに対するフィードバックの提供

7. 本契約の有効期間

本契約の有効期間は、20XX 年○月○日から同年○月○日までとする。但し、本契約第 8 条（契約期間及び更新）第 2 項に基づき、書面による合意により、本契約の有効期間を延長することができる。

8. 委託料及び支払方法

(1) 委託料額：月額○円（税別）

(2) 支払期限：乙は毎月、本契約第 10 条（実施業務の確認）に基づく実施

業務報告の確認後に請求書を発行するものとし、甲は当該請求書発行月の翌月【　】日までに支払う

(3) 支払方法：乙が指定する銀行口座への振込み（振込みに要する費用は甲が負担）

(4) 遅延損害金：年【　】％

(1) 1 項　本プロジェクト

・インセプションデッキ

　別紙 1 項では本プロジェクトの概要が記載されるが、インセプションデッキが作成される場合には、それによりプロジェクトの内容がさらに明確化され、関係者間での共通認識の醸成に資することになる。IPA モデル契約本体の 2 条の変更案においても、インセプションデッキについての文言を追加する案を示したが、別紙 1 項でもその趣旨を明記している。

　インセプションデッキとは、アジャイル開発のプラクティスの一つであり、以下のような 10 のトピックについて、関係者で検討・確認・共有することで、プロジェクトの目的、方針、課題等を明示的に認識・共有するものである[16]。

1　プロジェクトを行う理由（解決すべき課題、プロダクトの目的）

2　プロダクトの概要（想定ユーザや競合と比較した強み等）

3　ユーザ目線でのプロダクトのキャッチコピーとイメージ

4　やらないことリスト

5　ご近所さんリスト（プロジェクトを遂行するにあたって関係する部門や人のリスト）

6　解決案を描く：認識合わせのために概要レベルのアーキテクチャ設

16　Jonathan Rasmusson『アジャイルサムライ』（オーム社、2011）46 頁以下。なお、同書では、「我々はなぜここにいるのか」「エレベーターピッチを作る」「パッケージデザインを作る」といった、より具体的な形での問いが示されている。

計図を作る

7 プロジェクトで生じ得る問題、リスク

8 プロダクト開発に必要な期間の（ラフな）見積もり

9 トレードオフスライダー（期間、スコープ、予算、品質等の要素のうち、何を優先し、何を諦めるか）

10 必要なリソースの見積もり（期間、コスト、人員等）

　インセプションデッキには、プロジェクトを行う理由や目的を含め、プロジェクトに関して関係者間で共有すべき内容が含まれている。もっとも、インセプションデッキは、状況の変化や新たなニーズ・課題の認識等に応じ、プロジェクトの途中で見直しと改訂が行われることが多い。

　別紙1項を「本プロジェクトのインセプションデッキ」として、インセプションデッキの内容をそのまま別紙に記載することも考えられる。その方がプロジェクトの概要が明確になるが、IPA モデル契約は、別紙に記載した内容も両当事者の書面による合意がなければ変更できないこととしているため、アップデートが想定されるインセプションデッキの内容をそのまま別紙の内容とした場合、インセプションデッキのアップデートをしにくくなってしまう。そのため、（6条を変更し、別紙1項についての変更要件を緩めない限り）インセプションデッキをそのまま別紙の内容に追加するのは避けた方がよいと思われる。

　なお、上記の変更案のように、別紙においてインセプションデッキに明示的に言及しておくことによって、プロジェクトの内容を巡って当事者間で何らかのトラブルが生じた際に、最新のインセプションデッキの内容が、法的にも別紙の内容を補足するものとして機能しやすくなる（すなわち、ある時点における最新のインセプションデッキの内容が、両当事者間の認識を反映したものと解釈されやすくなると考えられる。）。

(2) 3項　スケジュール

アジャイル開発の場合、プロジェクトの途中で開発対象プロダクトの内容

が追加・変更されることがあるが、そのような場合には、ベンダが善管注意義務を果たして適切に業務を行っていたとしても、予定したスケジュールから遅延することがあり得る。

　3 項のスケジュールが契約上厳守すべき期限ではなく、あくまで目安ということであるならば、ベンダとしては、適切に業務を行っている以上、遅延に対する責任を負わないはずであるが、スケジュールの法的な位置付けを巡ってトラブルにならないよう、スケジュールの位置付けを契約上明確にしておくことが考えられる。

　そこで、146 頁記載の 2 条 2 項の変更案と同様の趣旨で、3 項記載のスケジュールは目安であり、遅延が生じたとしても、ベンダに本契約上の義務違反がない限り、遅延の事実だけでベンダが法的な責任を負うわけではないことを明記している（なお、146 頁記載の 2 条 2 項の変更案を採用するのであればそれで足り、重ねて本項に追記をする必要はない。）。

（3）4 項　体制

・スクラムマスターと開発チームメンバーの兼務

　スクラムガイド（2020 年版）10 頁には、デイリースクラムに関し、「プロダクトオーナーまたはスクラムマスターがスプリントバックログのアイテムに積極的に取り組んでいる場合は、開発者として参加する」といった記載があり、プロダクトオーナーやスクラムマスターが開発者を兼ねることも想定されている。そのため、上記のサンプルでは、スクラムマスターが開発チームメンバーとしてのエンジニアを兼ねる例を示している。

・委託料の月額固定

　IPA モデル契約の別紙サンプルでは、ロールごとに 1 FTE 当たりの基準単価が設定された上、8 項において「委託料額：乙側人員の単価と稼働時間により算定する」と定められており、実際にスクラムマスターや開発チームが稼働した時間に応じて委託料が算定されることになっている。もっとも、このような定めにした場合、例えばユーザ側でプロダクトバックログの作成が停滞し、その結果として開発チームが稼働できなかった場合等は、ベンダは

当初想定していた委託料を得られず、体制の維持に問題が生じ得る。また、稼働時間に応じて委託料が決まることになると、予算管理の都合上、スクラムチームの運営に対して稼働時間を管理する責任者の介入が発生してしまうおそれがある（例えば、当該責任者の承諾がなければ一定時間以上の業務が行えないなど。）。

ベンダがその体制を維持し、かつ、外部からの余計な介入を避けるためには、月額の委託料を固定化し、想定 FTE の範囲内で稼働が収まるよう、ベンダが自律的に稼働を調整しながら業務を行うことが考えられる[17]。

(4) 5 項　会議体

別紙 5 項では、プロジェクトを実施する上で開催される会議が列挙される。上記の変更例では、スクラムチームでプロジェクト全体の計画を策定するための検討を行い、想定する開発対象の規模から、リリースまでに必要なスプリント数を見積り、スケジュールを立てるリリースプランニングを追加している。リリースプランニングは開発に入る前に行われるが、その後も状況の変化に応じて適宜行われ、スケジュールの見直しがなされる。

(5) 6 項　本件業務の内容及び役割分担

別紙 6 項では、各当事者の担当業務が記載される。4 条及び 5 条に義務として記載されている事項については、必ずしもここに記載する必要はないが、役割分担を明確にする観点から重ねて記載してもよいと思われる。4 条及び 5 条に記載のない事項について、当事者が履行義務を負う業務として設定したい場合には、本項に明記しておく必要がある。なお、元のサンプルにあったスプリント後の成果確認に関する記載は、スプリントレビューを意味するのか、それとも要求事項の完了確認を意味するのか、やや曖昧であるよ

17　いわゆるシステムエンジニアリングサービス契約（SES 契約）でよく用いられている、標準稼働時間を定めて実際の稼働時間が不足又は超過した場合に調整単価をもって委託料を調整する方法をとる場合の例については 176 頁参照

うに思われたため、上記の変更例では削除している。

2　継続開発型のサンプル

　33 頁記載の継続開発型の場合のサンプルである。継続開発型では、プロジェクトに期限がなく、当初開発対象としたプロダクトをリリースした後も、ユーザのニーズを継続的に収集し、プロダクトの改善や別プロダクトの開発を行うことを想定している。

1．本プロジェクト

　甲の社内では、従業員向けの情報提供のための社内ポータルのほか、勤怠管理、旅費精算等、全社共通で用いる基本的なシステムは導入しているが、各部門では特別なシステムは導入しておらず、例えば情報共有については、依然としてメールや共有ファイルサーバを用いた旧来のやり方が用いられている。全社員を対象に行われたアンケートでは、社内の蓄積を十分活用できておらず、無駄な業務が発生していることや、テレワークの際に各部門のリソースにアクセスできないことなど、現状の社内システムに対する課題が多く指摘された。

　そこで、本プロジェクトにおいては、甲の各部門における業務の効率化と生産性の向上を目的に、乙に対し、毎月一定程度の継続的な稼働を委託し、アジャイル開発により、各部門それぞれのニーズに合わせたシステムの開発を順次進める。開発にあたっては、原則として A 社の業務アプリ構築クラウドサービスを用いる。

　既に社内におけるニーズが把握できているものとして、営業部門及び法務部門の以下のシステムがあることから、他に特に優先すべきものがなければ、まずこれらの開発を進める。その後、各部門のニーズを継続的に調査して、社内で優先順位を付けて、業務分析と開発を行う。また、新規開発のみならず、一度開発したシステムについて、乙は甲の運用をサポートし、甲社内のユーザのフィードバックを受けて改修や機能追加を行う。

・営業部門における営業日報作成・管理システム
・法務部門における相談管理システム

2．開発対象プロダクト

・甲の営業部門において使用する営業日報作成・管理システム

・甲の法務部門において使用する相談管理システム

・その他、甲が適宜開発を求めるシステム

（原則として A 社の業務アプリ構築クラウドサービス上で構築する）

3．スケジュール

20XX 年 X 月　甲の営業部門において使用する営業日報作成・管理システム
　　　　　　　　　リリース

20XX 年 X 月　甲の法務部門において使用する相談管理システム　リリース

20XX 年 X 月以降　甲社内のニーズをふまえ、新たなシステムの開発や既開
　　　　　　　　　発分の改修・機能追加を検討・実施

（注）本スケジュールに対する遅延が生じたとしても、乙が本契約第 5 条に
　　　定める義務を果たしている限り、乙は責任を負わない。

4．体制（スクラムチーム構成）

（1）乙の体制

役割	求められる経験・スキル	想定稼働時間（月）	委託料（月額）
スクラムマスター	1 年以上のスクラムマスター経験があること。	20～30 h	○○円
開発チームエンジニア 2 名（うち 1 名は乙側実施責任者を兼務）	A 社の業務アプリ構築クラウドサービスにおける開発経験があること、JavaScript に精通していること。	エンジニア 1 70～90 h\n\nエンジニア 2 70～90 h	

（注記）
1　金額はいずれも税別。
2　アジャイル開発においては、同一の業務従事者により構成されるスクラムチームによる継続的な開発が生産性の向上につながることから、本契約が更新された場合も含め、甲及び乙は、可能な限りチームの同一性が維持されるよう努めるものとする。

（2）甲の体制

役割	求められる経験・スキル
プロダクトオーナー （甲側実施責任者を兼務）	甲の経営幹部、各部門のユーザと直接コミュニケーションをとり、全社的な調整のもと、開発の優先順位を決定できる立場であること。
プロダクトオーナー補佐	甲の各部門における業務を理解しており、各部門のユーザと直接コミュニケーションをとって、適切にニーズを把握できること。

5. 会議体

会議名	開催日	会議目的	備考
リリースプランニング	プロダクトオーナーが開催を要請する日	●リリースまでに必要なスプリント数を見積って、スケジュールを検討	プロダクトオーナーの出席を要する
スプリントプランニング	スプリント開始日	●スプリントバックログの決定	プロダクトオーナーの出席を要する
デイリースクラム	毎日	●日次進捗確認 ●業務予定確認 ●課題確認 ●障害確認	プロダクトオーナーは必要に応じて出席する
スプリントレビュー	スプリント終了時	●開発したプロダクトの動作確認 ●バックログ等確認	プロダクトオーナーの出席を要する ステークホルダー（特に開発対象となるシステムを使う部門のユーザ）の出席を要する
スプリントレトロスペクティブ	スプリントレビュー後	●実施したスプリントの振り返りと要改善点の確認	プロダクトオーナーは必要に応じて出席する
バックログリファインメント	随時	●プロダクトバックログの追加、変更、優先順位の検討	プロダクトオーナーの出席を要する

6. 本件業務の内容及び役割分担

（1）共同担当業務：リリースプランニング、スプリントバックログ作成、ス

　　プリント後の成果確認、バックログの継続的改善

(2)　乙の担当業務：スプリントバックログ作成にあたってのベロシティ及び
　　業務量見積提示、スプリントバックログに記載された要求事項の開発、
　　リリース後のシステムの運用サポート

(3)　甲の担当業務：各部門のユーザからの開発ニーズの収集・整理、業務分
　　析、開発に必要な情報の提供、乙の求めに応じた意思決定、プロダクト
　　バックログ作成、スプリント完了後の成果確認・リリース承認、開発さ
　　れたプロダクトに対するフィードバックの集約・提供、リリース後のシ
　　ステムの運用

7.　本契約の有効期間

本契約の有効期間は、20XX 年○月○日から同年○月○日までとする。但し、
本契約第 8 条（契約期間及び更新）第 2 項に基づき、本契約の有効期間満了日
の 1 か月前までにいずれの当事者からも契約終了の意思表示がない場合には、
本契約は、同一条件で更に 3 か月間更新されるものとし、その後も同様とする。

8.　委託料及び支払方法

(1)　委託料額（月額）：一月当たりの委託料は、本別紙第 4 項記載の委託料
　　（月額）のとおりであり、乙の実際の稼働時間が想定稼働時間に不足又
　　は超過しても、金額調整は行わないものとする。なお、請求にあたって
　　は、別途消費税及び地方消費税を加算する。

(2)　支払期限：乙は毎月、本契約第 10 条（実施業務の確認）に基づく実施
　　業務報告の確認後に請求書を発行するものとし、甲は当該請求書発行月
　　の翌月○日までに支払う。

(3)　支払方法：乙が指定する銀行口座への振込み（振込みに要する費用は甲
　　が負担）

(4)　遅延損害金：年○%

（1）1項　本プロジェクト

「各部門における業務の効率化と生産性の向上」という大きな目的を示し、そのためにベンダが毎月一定程度の稼働を継続して、各部門それぞれのニーズに合わせたシステムの開発を順次進めることとしている。また、開発にあたっては、原則として、別ベンダの業務アプリ構築クラウドサービスを用いる前提であることを示している。

　既に要求事項が明確になっているプロダクトについては具体的に記載し、それ以降は、各部門のニーズを継続的に収集しつつ開発を行うこと、また、新規開発のみならず、開発したシステムについて、ベンダはユーザによる運用をサポートし、ユーザのフィードバックを受けて改修や機能追加を行うといった記載にしている。

（2）2項　開発対象プロダクト

　既に要求事項が具体化しているプロダクト以外は、将来のユーザのニーズに合わせることになるため、「その他、甲が適宜開発を求めるシステム」と記載している。

　さらに具体的な開発対象が決まった場合には、契約変更により本 2 項を改訂して開発対象プロダクトを具体的に追加することも考えられるが、（契約上開発対象として固定する意味はあるものの）プロダクトバックログによる開発対象の管理が適切に行われているのであれば、必ずしもそのような変更までは必要ないように思われる。

（3）3項　スケジュール

　具体的に開発が予定されているプロダクトを開発した後は、ユーザのニーズをふまえ、新たなシステムの開発や既開発分の改修・機能追加を検討・実施、という抽象的な記載になっている。さらに具体的な開発対象が決まった場合には、契約変更によりスケジュールを改訂することも考えられるが、継続開発型は日々継続的に生じるニーズに対応しながら迅速に開発を進めるものであり、（有期のプロジェクトと異なり）もともとスケジュールありきの内

容ではないことから、何らかの理由でユーザが特に時期を明確化したい場合
を除き、そのような対応は不要であるように思われる。

　なお、上記 I. のサンプル変更案同様、「本スケジュールに対する遅延が
生じたとしても、乙が本契約第5条に定める義務を果たしている限り、乙は
責任を負わない。」という文言を入れている。

(4) 4項　体制

　ベンダ側は、フルタイムではなく、同様の継続開発型の顧客を他にも抱え
ている想定で想定稼働時間を記載している。ユーザ側の体制としては、各部
門からの継続的なニーズの収集と整理が必要となることから、プロダクト
オーナー補佐を選定する想定となっている。

　注記の2では、ユーザ、ベンダの双方の体制について、可能な限りチーム
の同一性が維持されるよう努めること（すなわち、可能な限り人員交代を避け
るべきであること）を明記している。アジャイル開発においては、同一の業
務従事者により構成されるスクラムチームによる継続的な開発が生産性の向
上につながるが、継続開発型の場合、特にそれがよくあてはまるためである。

(5) 6項　本件業務の内容及び役割分担

　継続開発型においては、ユーザ内部からの継続的なニーズの収集と整理が
重要となることから、ユーザ側の担当業務として「各部門のユーザからの開
発ニーズの収集・整理」を明記している。

(6) 7項　本契約の有効期間

　契約の有効期間については、3か月ごとの自動更新としている。後述する
とおり、委託料が定額で支払われる前提であることから、ユーザとしては、
ニーズが枯渇したような場合には、契約を終了できるよう、3か月～6か月
程度の契約期間を設定するのが望ましいと考えられる。

（7）8 項　委託料及び支払方法

　継続開発型の場合、委託料については、いわゆるシステムエンジニアリングサービス契約（SES 契約）のように、標準稼働時間を定め、実際の稼働時間がその標準稼働時間に対して不足又は超過する場合には、調整単価を用いて金額を調整するという方法をとることもあるが、上記のとおり、稼働時間の不足・超過の精算処理が入る場合、スクラムチームの運営に対して稼働時間を管理する責任者の介入が発生することになる（例えば、当該責任者の承諾がなければ超過の業務が行えないなど。）。そこで、外部からの余計な介入を避けるべく、不足・超過の精算処理は行わないことを明記し、想定稼働時間の範囲内で稼働が収まるよう、ベンダ自らが自律的に稼働を調整しながら業務を行うことを想定している。

　なお、SES 契約に近いパターンとして、必要なエンジニアのレベルを定め、スキルシートの提出を求めた上、委託料について、標準稼働時間に対応した標準月額をベースに、実際の稼働が標準稼働時間の下限に不足する場合又は上限を超過するときはその分を控除・加算して調整する方式[18] をとる場合は、別紙 4 項と 8 項を以下のような書き方にすることが考えられる。

・稼働時間ベースで委託料を調整する場合の書き方

4．体制（スクラムチーム構成）

（1）乙の体制

役割	求められる経験・スキル	標準稼働時間（月）	標準月額	調整単価（時間）
スクラムマスター	1 年以上のスクラムマスター経験があること。	20〜30 h	○○円	○○円

18　ベンダとしては、契約期間中はチームの人員を確保する必要があるが、特に当該案件のためにフルタイムで稼働する前提で契約するような場合には、バックログが枯渇するなどして、プロジェクトが停滞し、実際の稼働時間が減少したような場合、赤字になってしまうおそれがある。そこで、標準稼働時間に不足する場合は精算は発生せず、超過の場合のみ加算する方式にすることもある。

開発チームエンジニア2名（うち1名は乙側実施責任者を兼務）	A社の業務アプリ構築クラウドサービスにおける開発経験があること、JavaScriptに精通していること。	エンジニア（レベル3）70〜90h エンジニア（レベル2）70〜90h		エンジニア（レベル3）○○円 エンジニア（レベル2）○○円

（注記）
1　金額はいずれも税別。
2　エンジニアのレベルは乙社内の区分による。乙は甲に対し、アサインを予定しているエンジニアのシステム開発に関する技術・技能レベルと当該技術・技能に係る経験年数等を記載したスキルシート（個人を特定できないもの）を提出する。
3　アジャイル開発においては、同一の業務従事者により構成されるスクラムチームによる継続的な開発が生産性の向上につながることから、本契約が更新された場合も含め、甲及び乙は、可能な限りチームの同一性が維持されるよう努めるものとする。

（2）甲の体制

（省略）

8.　委託料及び支払方法

（1）委託料額（月額）：本別紙第4項記載の標準月額を基礎とし、当月の実稼働時間（1時間未満切捨て）が標準稼働時間の下限を下回ったときは、業務従事者ごとに［不足時間×調整単価］として計算される金額を控除し、標準稼働時間の上限を上回ったときは、業務従事者ごとに［超過時間×調整単価］として計算される金額を加算することにより算定する。また、請求にあたっては、別途消費税及び地方消費税を加算する。

（2）支払期限：乙は毎月、本契約第10条（実施業務の確認）に基づく実施業務報告の確認後に請求書を発行するものとし、甲は当該請求書発行月の翌月○日までに支払う。

（3）支払方法：乙が指定する銀行口座への振込み（振込みに要する費用は甲が負担）

（4）遅延損害金：年○％

3　仮説検証型のサンプル

　アジャイル開発は、開発対象全体の要件を固めずに開発を開始することができるが、ユーザにとって価値のあるプロダクトのビジョンや方向性が、開発開始後に揺らいでしまうと、プロジェクトは迷走し、手間とコストがかさんで成果が得られないという結果になるおそれがある。

　そのため、開発に取り掛かる前の準備フェーズにおいて、あらかじめユーザのプロダクトに関する仮説を立て、ユーザインタビューやラフなプロトタイプ等によりその検証を行うことで、ユーザにとって価値のある機能を洗い出し、その上で、アジャイル開発でユーザに提供する、実用最小限のプロダクト（MVP）の範囲を特定し、実際の開発に進むというのが、仮説検証型のコンセプトである。

　IPA モデル契約の中でこのような仮説検証を行う場合のサンプルは以下のとおりである。もっとも、①仮説検証に係る業務については、別途準委任契約を締結して行い、②仮説検証で明らかになった MVP（及び追加機能）を対象として、IPA モデル開発契約を締結して開発を行うという 2 段階の方式も考えられ、むしろその方がシンプルでわかりやすい。一本の契約に全て盛り込む必要性がないのであれば、2 段階の方式をとることを推奨したい。

1.　本プロジェクト

　法律事務所や企業の法務部門においては、顧客や他部門から多くの法律相談が寄せられ、日々回答を行っている。個別の回答内容は、各事務所、企業により情報共有の努力がなされているが、回答のデータベース化がなされていないことも多い。

　本プロジェクトでは、法律事務所や企業の法務部門が、法律相談とその回答についてデータベース化し、相談を受け付けた際に過去の同様の相談・回答を検索・活用しやすくするサービスを開発・提供することを目的とする。

　但し、開発を開始する前に、このサービスに実際にニーズがあるのか、エンドユーザがこのサービスに求める機能は具体的にどのようなものか、リリースに耐え得る実用最小限のプロダクト（Minimum Viable Product）は

どのようなものか等について、エンドユーザに対するアンケート、インタビュー等により仮説検証を行う。

　なお、甲及び乙は、仮説検証フェーズ後、開発対象プロダクトの開発を行うこととなった場合には、協議の上必要に応じて本別紙の内容を変更する手続をとる。また、本プロジェクトの目的を前提とするインセプションデッキを作成し、必要に応じて協議の上変更を行うことで、本プロジェクトの概要を共有する。

2.　開発対象プロダクト

法律事務所や法務部門向けの相談 DB サービス

3.　スケジュール

20XX 年 X 月～X 月　仮説検証の実施、MVP 案を含む検証報告の作成
20XX 年 X 月　開発を実施するか否かの決定

（以下は開発を行う場合）
20XX 年 X 月　MVP 開発開始
20XX 年 X 月　トライアル版リリース
20XX 年 X 月～X 月　エンドユーザからのフィードバックを得ながら改善を
　　　　　　　　　　　実施
20XX 年 XX 月　正式版リリース
20XX 年 XX 月　機能追加・改善の実施

（注）本スケジュールに対する遅延が生じたとしても、乙が本契約第 5 条に
　　　定める義務を果たしている限り、乙は責任を負わない。

4．体制

仮説検証フェーズにおける体制

（1）乙の体制

役割	求められる経験・スキル	想定FTE[※]	1 FTE 当たりの基準単価（月額）
ビジネスアナリスト（乙側実施責任者を兼務）	XXX	0.5	○○千円
アプリケーションアーキテクト	XXX	0.5	○○千円

（2）甲の体制

役割	求められる経験・スキル	FTE[※]
プロダクトオーナー	XXX	1.0

開発準備フェーズ以降の体制（スクラムチーム）

（1）乙の体制

役割	求められる経験・スキル	想定FTE[※]	1 FTE 当たりの基準単価（月額）
スクラムマスター	XXX	0.8	○○千円
開発チーム（開発チームメンバーのうち1名は乙側実施責任者を兼務）	XXX	4.0	○○千円

(2) 甲の体制

役割	求められる経験・スキル	FTE (※)
プロダクトオーナー（甲側実施責任者を兼務）	XXX	0.5
プロダクトオーナー補佐	XXX	0.5

※　FTE はフルタイム当量。フルタイム勤務に換算した場合の、必要な要員数。

5.　会議体（開発準備フェーズ以降）

会議名	開催日	会議目的	備考
リリースプランニング	プロダクトオーナーが開催を要請する日	●リリースまでに必要なスプリント数を見積って、スケジュールを検討	プロダクトオーナーの出席を要する
スプリントプランニング	スプリント開始日	●スプリントバックログの決定	プロダクトオーナー（又は補佐）の出席を要する
デイリースクラム	毎日	●日次進捗確認 ●業務予定確認 ●課題確認 ●障害確認	プロダクトオーナー及び補佐は必要に応じて出席する
スプリントレビュー	スプリント終了時	●開発したプロダクトの動作確認 ●バックログ等確認	プロダクトオーナー及び補佐の出席を要する ステークホルダーは必要に応じて出席する
スプリントレトロスペクティブ	スプリントレビュー後	●実施したスプリントの振り返りと要改善点の確認	プロダクトオーナー及び補佐は必要に応じて出席する
バックログリファインメント	随時	●プロダクトバックログの追加、変更、優先順位の検討	プロダクトオーナー及び補佐の出席を要する

6.　本件業務の内容及び役割分担

（1）仮説検証フェーズ（仮説の立案、検証、実用最小限のプロダクト
　　　（MVP）案作成）

　　① 　共同担当業務：初期仮説立案、ユーザインタビュー等による仮説検
　　　　証の実施

　　② 　乙の担当業務：MVP 案を含む検証報告作成

　　③ 　甲の担当業務：甲内部における情報収集と乙への提供、ユーザアン
　　　　ケート、ユーザインタビュー等仮説検証に必要な機会の提供

甲は、仮説検証フェーズの終了後、その結果をふまえて、開発をするか否か
を判断する。甲が開発を行わない判断をした場合には、本別紙第 7 項に従い
本契約は終了し、以下の（2）（3）のフェーズは実施しない。

（2）開発準備フェーズ（要求の洗い出し、最初のプロダクトバックログ作成）

　　① 　共同担当業務：リリースプランニング、開発に必要な環境の準備

　　② 　乙の担当業務：甲担当者へのアジャイル開発に関する教育・研修
　　　　（ワークショップ形式）の実施、プロダクトオーナーの求めに応じた
　　　　初期プロダクトバックログ作成支援

　　③ 　甲の担当業務：ユーザ及びステークホルダーからのニーズの収集・
　　　　整理、乙の支援を受けながら初期プロダクトバックログ作成

（3）開発フェーズ（スプリントを繰り返してリリース可能なプロダクトを開発）

　　① 　共同担当業務：スプリントバックログ作成、バックログの継続的改善

　　② 　乙の担当業務：スプリントバックログ作成にあたってのベロシティ
　　　　及び業務量見積提示、スプリントバックログに記載された要求事項
　　　　の開発

　　③ 　甲の担当業務：業務分析、開発に必要な情報の提供、乙の求めに応
　　　　じた意思決定、リリース承認、開発されたプロダクトに対する
　　　　フィードバックの提供

7．本契約の有効期間

本契約の有効期間は、20XX 年〇月〇日から同年〇月〇日までとする。但し、仮説検証フェーズ実施後、20XX 年〇月〇日までに、甲が開発を行わない旨乙に通知した場合には、本契約は当該通知の時点をもって終了する。

8．委託料及び支払方法

（1）委託料額：乙側人員の単価と稼働時間により算定する

（2）支払期限：乙は毎月、本契約第 10 条（実施業務の確認）に基づく実施業務報告の確認後に請求書を発行するものとし、甲は当該請求書発行月の翌月〇日までに支払う

（3）支払方法：乙が指定する銀行口座への振込み（振込みに要する費用は甲が負担）

（4）遅延損害金：年〇％

（1）1項　本プロジェクト

・仮説検証の実施

　法律事務所や法務部門向けの法律相談 DB サービスを例として挙げている。この段階では、いまだ具体的なニーズは検証できておらず、開発を開始する前に、仮説検証を行い、ニーズの調査と MVP の範囲の検討を行うこととしている。

　例えば、このプロジェクトについて、弁護士や法務部員に対するインタビューを行ったところ、以下のようなコメントが出たとする。

　　・確かに過去の法律相談の内容を十分活用できていないため、そのような DB があれば使ってみたい。しかし、個々の相談・回答の入力に手間がかかる仕様だと、入力自体が敬遠されたり、雑な内容で入力がなされたりして、結果的に DB が充実せず、使えないサービスとして解約することになるだろう。

　　・相談対応に用いたメールやメモから、相談・回答内容を自動的に読み

取って適切に DB に入力してくれる機能があれば理想的（しかし、開発と精度向上に相当な費用がかかるのではないか。）。

・DB から頻出の相談事例を抽出する機能があれば、新人弁護士や法務部員の研修に役立てたり、他部門向け FAQ を作成しやすい。

・法律相談の内容は非常に機密性が高いため、インフラも含め、高度なセキュリティは必須。

こうしたエンドユーザのコメントも考慮して、ベンダとユーザは協議を行い、場合によっては入力画面のプロトタイプを作成するなどして、開発するサービスについてさらに検討を深め、リリース可能な最低限のサービス内容を実現するプロダクト（MVP）の姿を明確にしていく。そして、その検証結果をもとに、実際に開発に進むかどうか、ユーザが判断することになる。

・別紙内容の見直しと変更

ユーザが開発に進む判断をする場合には、仮説検証の結果をふまえて、別紙の内容を全体的にアップデートする必要がある。

具体的には、1 項（本プロジェクト）や 2 項（開発対象プロダクト）は検討の深まりに合わせて内容を変えるべき部分が出てくると思われる。特に、2 項の開発対象プロダクトについてある程度詳しく記載するのであれば、優先的に開発する MVP 部分と、それ以外の部分を分けるようにすべきである。

また、1 項、2 項の変更の結果、3 項（スケジュール）や 4 項（体制）も実際の開発対象に合わせて調整する必要があるだろう。さらに、体制やスケジュールが変われば、芋づる式に 6 項から 8 項の内容も影響を受けると思われる。

(2) 3 項　スケジュール

仮説検証後に開発に進むかどうか決まることになるため、スケジュールで開発を実施するか否かの決定時期を記載することとしている。

(3) 4 項　体制

仮説検証と開発では、求められるスキルや人数の違いから、担当者が異な

ることになると思われるため、仮説検証フェーズと開発準備フェーズ以降の体制を分けている。もっとも、ユーザ側については、開発においてプロダクトオーナーとなる者が、仮説検証の段階から担当することが望ましい。

(4) 6項　本件業務の内容及び役割分担

開発準備フェーズの前に、仮説検証フェーズを置き、ユーザが、仮説検証フェーズの終了後、その結果をふまえて、開発をするか否かを判断すること、開発を行わない判断をした場合には、本別紙7項に従い本契約は終了し、以降のフェーズは実施しないことを明記している。

(5) 7項　本契約の有効期間

契約の有効期間としては、①ひとまず仮説検証だけの期間とする方法と、②開発も含めた期間としつつ仮説検証で開発をしないことが決定した場合は期間の途中で終了することを明記する方法があり得る。ここでは後者の方法をとっている。前者の方法をとるのであれば、仮説検証と開発は別契約とすべきである。

(6) 8項　委託料及び支払方法

委託料については、仮説検証と開発の両方について、単価と稼働時間により算定することとしている。仮説検証部分については、事前に実施期間と実施内容が決まっており、精度の高い見積もりが出せるのであれば、固定価格とすることも考えられる。

2020 年版 IPA アジャイル開発モデル契約

アジャイル開発外部委託モデル契約

○○（以下「甲」という。）と○○（以下「乙」という。）は、別紙第 1 項記載のプロジェクト（以下「本プロジェクト」という。）における、アジャイル開発方式を用いたプロダクト開発に関し、本契約（以下「本契約」という。）を締結する。

第 1 条（目的）
本契約は、甲が本プロジェクトの目的達成のためにアジャイル開発方式を用いたプロダクト開発を行うにあたり、準委任によりその開発支援を乙に委託し、乙がこれを受託することに関し、甲と乙がお互いに協力して行う業務の内容や、甲と乙の権利及び義務について定めることを目的とする。

第 2 条（アジャイル開発方式）
1. 甲及び乙は、本プロジェクトにおけるアジャイル開発の方式としてスクラムを用いるものとし、別紙第 4 項記載のとおり、主にプロダクトオーナー、スクラムマスター及び開発者からなるチーム（以下「スクラムチーム」という。）を組成して開発を行う。
2. 本契約における開発の対象は、別紙第 2 項記載のプロダクト（以下「開発対象プロダクト」という。）とし、甲及び乙は別紙第 3 項記載のスケジュールに従って開発を行う。
3. 甲は、開発対象プロダクトに関する甲の要求事項（開発する機能のほか、非機能要件への対応、リファクタリング、文書作成等の関連業務を含む。）及びその優先順位について乙と協議を行い、プロダクトバックログ（甲の要求事項を列挙して優先順位を付けたリストをいう。）を作成する。
4. 甲は、乙と協議の上、自らの責任において、プロダクトバックログに記載された要求事項及びその優先順位を変更することができる。

5. 甲及び乙は、スプリント（開発業務を実施するための一定の区切られた期間をいう。）を反復することにより、開発対象プロダクトを開発する。甲及び乙は、各スプリントの開始前に、両当事者の合意によりスプリントバックログ（プロダクトバックログの中から選定される、次のスプリントでの開発対象となる要求事項と、それらを実現するために必要なタスクを列挙したリストをいう。）を作成してそれを対象とする開発を行い、各スプリントの終了時にその成果の確認を行う。

6. 甲及び乙は、本プロジェクトにおけるスクラムによる開発の進め方については、本契約における定め又は当事者間での別段の合意がない限り、本契約に添付する「アジャイル開発　進め方の指針」（以下「進め方指針」という。）を指針として参照する。

第 3 条（体制）

1. 甲及び乙は、開発対象プロダクトを開発するにあたり、別紙第 6 項で定めた業務（以下「本件業務」という。）を、それぞれ同項記載の役割分担に従って行うとともに、相手方の担当業務についても誠意をもって協力する。

2. 甲及び乙は、本件業務を遂行するにあたり、別紙第 4 項の体制に基づき、それぞれ業務従事者を選任する。

3. 甲及び乙は、それぞれ本件業務の実施責任者を選任し、本件業務に関する指示、要請、依頼等の連絡を行う場合には、双方の実施責任者を通じて行う。

4. 甲及び乙は、労働関係法令及びその他の適用のある法令に基づき、自らの業務従事者に対する雇用主としての一切の義務を負い、自らの業務従事者に対して本件業務の遂行、労務管理及び安全衛生管理等に関する一切の指揮命令を行う。

5. 甲又は乙が、自らの業務従事者を変更する場合は、委託業務の遂行に支障を及ぼさないよう、事前に相手方に対し、新旧の業務従事者の氏名及び交替理由を書面により通知するものとし、変更に当たって十分な引継ぎを行わせるものとする。

第 4 条（甲の義務）

1. 甲は、本プロジェクトの実施主体として、本件業務のうち自らの担当業務を遅滞なく行うとともに、本件業務が円滑に行われるよう、スクラムチームに対す

る情報提供及び必要な意思決定を適時に行う。

2. 甲は、本件業務を開始する前に、プロダクトオーナーを選任する。

3. 甲は、プロダクトオーナーに次の役割を担わせる。なお、プロダクトオーナーの行為（不作為も含む。）に関する責任は全て甲が負う。

① スクラムチームに対して開発対象プロダクトのビジョンや意義を示し、開発対象プロダクトの価値を最大化するよう努めること

② プロダクトバックログの作成及び優先順位の変更を行うこと

③ 別紙第 5 項記載の会議体のうち、出席を要するものに出席すること

④ 開発対象プロダクト（開発途中のものも含む。）に対するステークホルダー（開発対象プロダクトの利用者、出資者等の利害関係者）からのフィードバックを提供すること

⑤ 開発対象プロダクトの完成確認及びプロダクトバックログに含まれる個々の要求事項の完了確認を行うこと

⑥ 本件業務を遂行するために乙が必要とする情報提供及び意思決定を適時に行うこと

⑦ 本件業務が円滑に遂行されるよう、ステークホルダーとの調整を行うこと

第 5 条（乙の義務）

1. 乙は、情報処理技術に関する専門知識及びノウハウに基づき、善良な管理者の注意をもって、本件業務のうち自らの担当業務を行う。なお、甲及び乙は、本契約は準委任契約であり、乙が開発対象プロダクトの完成義務を負うものではないことを確認する。

2. 乙は、前項の善管注意義務を果たすために、乙の有する専門知識及びノウハウを活用し、甲に対して、プロダクトバックログの内容及び優先順位に関する助言、開発スケジュールの見通し、並びに開発対象プロダクトの技術的なリスクに関する説明を行うなど、開発対象プロダクトの価値を高めるよう努める。

3. 乙は、本件業務を開始する前に、スクラムマスターを選任する。

4. 乙は、スクラムマスターに、本件業務が円滑に遂行されるよう、本件業務の遂行の妨げとなりうる事象を積極的に把握し、それを排除するよう努める役割を担わせる。なお、スクラムマスターの行為（不作為を含む。）に関する責任は全

て乙が負う。

第6条（変更管理）

1. 甲と乙は、本契約及び別紙に規定された内容について変更の必要が生じた場合には、その変更の具体的内容及び理由を示した書面を相手方に交付して、変更の協議（以下「変更協議」という。）の開催を要請することができる。

2. 甲と乙は、相手方より前項の要請があったときは、速やかに協議に応じなければならない。

3. 変更協議においては、変更の目的、変更の対象、変更の可否、変更の影響等を検討し、変更を行うか否かについて両当事者とも誠実に協議する。

4. 変更協議には、甲と乙双方の責任者（変更協議の対象事項に関する意思決定を行う権限を有する責任者をいう。本条において以下同じ。）及び責任者が適当と認める者が出席することができる。また、甲と乙は、変更協議に必要となる者の出席を相手方に求めることができ、相手方は合理的な理由がある場合を除き、これに応じる。

5. 変更協議の結果、本契約の内容を変更することが合意された場合には、甲と乙は、変更内容が記載された変更合意書に記名押印しなければ、当該変更は有効とならない。

6. 変更協議を行っても協議が調わないまま、最初の変更協議の日から【　】日間が経過した場合又は変更協議が開催されることなく第1項の要請があった日から【　】日間が経過した場合は、甲又は乙は、書面によって相手方に通知することにより、本契約を将来に向かって解除することができる。この場合、甲は乙に対し、当該解除までに乙が実施した本件業務に対応する委託料を支払う。

7. 前項により本契約が解除された場合であっても、相手方に対する第21条（損害賠償）に基づく損害賠償の請求は妨げられない。

8. 甲及び乙は、進め方指針の内容について変更の必要が生じた場合には、スクラムチームにおいて変更を行うか否かについて誠実に協議を行う。当該協議の結果、変更することが合意された場合には、甲と乙は、議事録を作成して変更内容を記録し、当該協議に参加した両当事者の業務従事者が署名を行う。

第 7 条（問題解消協議）

1.　甲と乙は、本件業務の円滑な遂行を困難ならしめる問題（相手方が自らの役割を十分に果たさない場合や、スクラムチームの体制に不足がある場合等を含む。）が生じ、スクラムチーム内では当該問題の解消が困難な場合には、その問題の具体的内容等を示した書面を相手方に交付して、問題解消のための協議（以下「問題解消協議」という。）の開催を要請することができる。

2.　甲と乙は、相手方より前項の要請があったときは、速やかに問題解消協議に応じなければならない。

3.　問題解消協議においては、問題の解消に向けて両当事者とも誠実に協議する。

4.　問題解消協議には、甲と乙双方の責任者（問題解消協議の対象事項に関する意思決定を行う権限を有する責任者をいう。本条において以下同じ。）及び責任者が適当と認める者が出席することができる。また、甲と乙は、問題解消協議に必要となる者の出席を相手方に求めることができ、相手方は合理的な理由がある場合を除き、これに応じる。

5.　問題解消協議を行っても協議が調わないまま、最初の問題解消協議の日から【　】日間が経過した場合又は問題解消協議が開催されることなく第 1 項の要請があった日から【　】日間が経過した場合は、甲又は乙は、書面によって相手方に通知することにより、本契約を将来に向かって解除することができる。この場合、甲は乙に対し、当該解除までに乙が実施した本件業務に対応する委託料を支払う。

6.　前項により本契約が解除された場合であっても、相手方に本契約に基づく義務の違反があるときは、第 21 条（損害賠償）に基づく損害賠償の請求は妨げられない。

第 8 条（契約期間及び更新）

1.　本契約の有効期間は、別紙第 7 項において定める。

2.　甲及び乙は、書面による合意により、本契約の有効期間を延長することができる。

　■別案　自動延長とする場合

　2.　本契約の有効期間満了日の【　】か月前までにいずれの当事者からも契約

終了の意思表示がない場合には、本契約は、同一条件で更に【　】か月間更新されるものとし、その後も同様とする。

第 9 条（文書作成）

甲は、乙に対して仕様書等の開発対象プロダクトに係る文書の作成を求める場合には、要求事項の一つとしてプロダクトバックログに加える。

第 10 条（実施業務の確認）

1. 乙は、当月に実施した本件業務について、その概要や稼働時間数等、甲乙間で予め協議の上取り決めた事項を、翌月【　】日までに甲に報告する。
2. 甲は、前項の報告を受けた場合には、【　】日以内（以下「点検期間」という。）にその内容を確認し、異議がない場合には乙に確認した旨の通知を行う。
3. 甲が、点検期間内に書面で具体的な理由を明示して異議を述べないときは、点検期間の満了をもって確認の通知をしたものとみなす。

第 11 条（委託料及び支払方法）

乙が実施した本件業務に係る委託料及び支払方法等の詳細は、別紙第 8 項において定める。

第 12 条（甲が乙に提供する資料等及びその返還）

1. 甲は、乙に対し、本件業務に必要な資料、機器、設備等（以下「資料等」という。）の開示、貸与等を行う。
2. 甲が前項に基づき乙に提供した資料等の内容に誤りがあった場合又は甲が提供すべき資料等の提供を遅延した場合、これらの誤り又は遅延によって生じた追加費用その他の損害について、乙は責任を負わない。
3. 乙は、甲から提供を受けた資料等を善良なる管理者の注意義務をもって管理し、双方が合意した返還日又は甲から請求があったときに、甲の指示に基づきこれらを返還又は廃棄（デジタルデータについては削除）する。
4. 資料等の提供及び返還にかかる費用は、甲が負担する。

第 13 条（再委託）

1.　乙は、事前に甲の書面による承諾を得た場合又は甲が指定した再委託先に再委託する場合には、本件業務の一部を第三者に再委託することができる。但し、甲は合理的な理由がない限り、当該承諾を拒否することはできない。

2.　乙は、前項の再委託を行う場合には、本契約に基づいて乙が甲に対して負担するのと同様の義務を、再委託先に負わせる契約を締結する。

3.　乙は、再委託先による業務の遂行について、甲に帰責事由がある場合を除き、自ら業務を遂行した場合と同様の責任を負う。但し、甲の指定した再委託先による業務の遂行については、乙に故意又は重過失がある場合を除き、責任を負わない。

第 14 条（秘密情報の取扱い）

1.　甲及び乙は、本件業務の遂行のため、相手方より提供を受けた技術上又は営業上その他業務上の情報のうち、相手方が書面又は電子メールにより秘密である旨指定して開示した情報、又は口頭により秘密である旨を示して開示した情報で開示後【　】日以内に書面又は電子メールにより内容を特定した情報（以下あわせて「秘密情報」という。）を第三者に漏洩してはならない。但し、次の各号のいずれか一つに該当する情報についてはこの限りではない。また、甲及び乙は秘密情報のうち法令の定めに基づき開示すべき情報を、当該法令の定めに基づく開示先に対し開示することができる。

　　①　秘密保持義務を負うことなくすでに保有している情報

　　②　秘密保持義務を負うことなく第三者から正当に入手した情報

　　③　相手方から提供を受けた情報によらず、独自に開発した情報

　　④　本契約に違反することなく、かつ、受領の前後を問わず公知となった情報

2.　秘密情報の提供を受けた当事者は、当該秘密情報の管理に必要な措置を講じる。

3.　甲及び乙は、秘密情報について、本契約の目的の範囲内でのみ使用し、本契約の目的の範囲を超える複製、改変が必要なときは、事前に相手方から書面又は電子メールによる承諾を受ける。

4.　甲及び乙は、秘密情報を、本契約の目的のために知る必要のある各自（本契約に基づき乙が再委託する場合の再委託先を含む。）の役員及び従業員に限り開示す

るものとし、本契約に基づき甲及び乙が負担する秘密保持義務と同等の義務
を、秘密情報の開示を受けた当該役員及び従業員に退職後も含め課す。

5. 秘密情報の提供及び返還等については、第 12 条（甲が乙に提供する資料等及びその返還）に準じる。

6. 秘密情報のうち、個人情報に該当する情報については、次条（個人情報の取扱い）が本条の規定に優先して適用される。

7. 本条の規定は、本契約終了後、【　　】年間存続する。

第 15 条（個人情報の取扱い）

1. 乙は、個人情報の保護に関する法律（本条において、以下「法」という。）第 2 条第 1 項に定める個人情報のうち、本件業務の遂行に際して甲より取扱いを委託された個人データ（法第 2 条第 6 項に規定する個人データをいう。以下同じ。）及び本件業務の遂行のため、甲乙間で個人データと同等の安全管理措置（法第 20 条に規定する安全管理措置をいう。）を講ずることについて、別途合意した個人情報（以下あわせて「個人情報」という。）を第三者に漏洩してはならない。なお、甲は、個人情報を乙に提示する際にはその旨明示する。また、甲は、甲の有する個人情報を乙に提供する場合には、個人が特定できないよう加工した上で、乙に提供するよう努める。

2. 乙は、個人情報の管理に必要な措置を講じる。

3. 乙は、個人情報について、本契約の目的の範囲内でのみ使用し、本契約の目的の範囲を超える複製、改変が必要なときは、事前に甲から書面又は電子メールによる承諾を得なければならない。

4. 個人情報の提供及び返還等については、第 12 条（資料等の提供及び返還）を準用する。

5. 第 13 条（再委託）第 1 項の規定にかかわらず、乙は甲より委託を受けた個人情報の取扱いを再委託してはならない。但し、当該再委託につき、甲の事前の承諾を受けた場合はこの限りではない。

第 16 条（特許権等の帰属）

1. 本件業務遂行の過程で新たに生じた発明その他の知的財産又はノウハウ等（以

下、あわせて「発明等」という。）に係る特許権その他の知的財産権（特許その他の知的財産権を受ける権利を含む。但し、著作権は除く。）、ノウハウ等に関する権利（以下、特許権その他の知的財産権、ノウハウ等に関する権利を総称して「特許権等」という。）は、当該発明等を行った者が属する当事者に帰属する。

2. 甲及び乙が共同で行った発明等から生じた特許権等については、甲乙共有（持分割合は貢献度に応じて定める。）とする。この場合、甲及び乙は、共有に係る特許権等につき、それぞれ相手方の同意及び相手方への対価の支払いなしに自ら実施し、又は第三者に対し、通常実施権を許諾することができる。

3. 乙は、第1項に基づき特許権等を保有することとなる場合、甲に対し、甲が開発対象プロダクトを使用するのに必要な範囲について、当該特許権等の通常実施権を許諾する。なお、開発対象プロダクトに、本契約において一定の第三者に使用せしめる旨を目的として特掲した上で開発されたプロダクト（以下「特定プロダクト」という。）が含まれている場合は、本契約に従った第三者による特定プロダクトの使用についても同様とする。なお、かかる許諾の対価は、委託料に含まれる。

4. 甲及び乙は、第2項、第3項に基づき相手方と共有し、又は相手方に通常実施権を許諾する特許権等について、必要となる職務発明に関する特許権等の取得又は承継の手続（職務発明規程の整備等の職務発明制度の適切な運用、譲渡手続など）を履践する。

第 17 条（著作権の帰属）

1. 開発対象プロダクト（その一部又は未完成のものを含む。）及び第9条（文書作成）に従い作成された文書（以下あわせて「開発対象プロダクト等」という。）のうち、本件業務遂行の過程で乙が新たに作成した著作物に関する著作権（著作権法第27条及び第28条の権利を含む。以下同じ。）は、乙が作成した汎用的な利用が可能なプログラムの著作権を除き、当該著作物の作成に係る要求事項につきプロダクトオーナーによる完了確認が行われ、かつ、甲から乙に対して当該著作物の作成に係る業務に関する委託料が支払われた時点をもって、乙から甲へ移転する。なお、本項による乙から甲への著作権移転の対価は、委託料に含まれる。

2. 乙は、開発対象プロダクト等に含まれる著作物のうち、乙が著作権を有するものにつき、甲に対し、開発対象プロダクト等を必要な範囲で利用することを許諾し、これについて著作者人格権を行使しない。また、開発対象プロダクト等に特定プロダクトが含まれている場合は、甲は、本契約に従い第三者に対し特定プロダクトの利用を許諾することができる。なお、本項による許諾の対価は委託料に含まれる。

■別案 1：乙帰属案

1. 開発対象プロダクト（その一部又は未完成のものを含む。）及び第 9 条（文書作成）に従い作成された文書（以下あわせて「開発対象プロダクト等」という。）のうち、本件業務遂行の過程で乙が新たに作成した著作物に関する著作権は、乙に帰属する。

2. 乙は、開発対象プロダクト等に含まれる著作物のうち、乙が著作権を有するものにつき、甲に対し、甲が開発対象プロダクト等を必要な範囲で利用することを許諾し、これについて著作者人格権を行使しない。また、開発対象プロダクト等に特定プロダクトが含まれている場合は、甲は、本契約に従い第三者に対し特定プロダクトの利用を許諾することができる。なお、本項による許諾の対価は委託料に含まれる。

3. 開発対象プロダクト等のうち、本件業務遂行の過程で甲乙が共同で新たに作成した著作物に関する著作権（著作権法第 27 条及び第 28 条の権利を含む。以下同じ。）は、当該著作物の作成に係る要求事項につきプロダクトオーナーによる完了確認が行われ、かつ、甲から乙に対して当該著作物の作成に係る業務に関する委託料が支払われた時点をもって、甲及び乙の共有（持分割合は別途協議により定める。）とし、いずれの当事者も相手方への支払いの義務を負うことなく、第三者への利用許諾を含め、かかる共有著作権を行使することができる。但し、甲及び乙は、相手方の同意を得なければ、著作権の共有持分を処分することはできない。なお、本項による甲乙間での著作権移転の対価は委託料に反映されているものとする。

4. 甲及び乙は、本契約をもって、前項の共有に係る著作権の行使について法律上必要とされる共有者の合意をあらかじめ行うものとする。

■別案 2：共有案

1. 開発対象プロダクト（その一部又は未完成のものを含む。）及び第 9 条（文書作成）に従い作成された文書（以下あわせて「開発対象プロダクト等」という。）のうち、本件業務遂行の過程で乙が新たに作成した著作物及び甲乙が共同で新たに作成した著作物に関する著作権（著作権法第 27 条及び第 28 条の権利を含む。以下同じ。）は、当該著作物の作成に係る要求事項につきプロダクトオーナーによる完了確認が行われ、かつ、甲から乙に対して当該著作物の作成に係る業務に関する委託料が支払われた時点をもって、甲及び乙の共有（持分割合は別途協議により定める。）とし、いずれの当事者も相手方への支払いの義務を負うことなく、第三者への利用許諾を含め、かかる共有著作権を行使することができる。但し、甲及び乙は、相手方の同意を得なければ、著作権の共有持分を処分することはできない。なお、本項による甲乙間での著作権移転の対価は委託料に反映されているものとする。また、乙は、甲によるかかる利用について著作者人格権を行使しない。

2. 甲及び乙は、本契約をもって、前項の共有に係る著作権の行使について法律上必要とされる共有者の合意をあらかじめ行うものとする。

3. 乙は、開発対象プロダクト等に含まれる著作物のうち、乙が著作権を有するものにつき、甲に対し、甲が開発対象プロダクト等を必要な範囲で利用することを許諾し、これについて著作者人格権を行使しない。また、開発対象プロダクト等に特定プロダクトが含まれている場合は、甲は、本契約に従い第三者に対し特定プロダクトの利用を許諾することができる。なお、本項による許諾の対価は委託料に含まれる。

第 18 条（第三者ソフトウェアの利用）

1. 乙は、本件業務遂行の過程において、開発対象プロダクトを構成する一部として、第三者が権利を保有するソフトウェア（サーバ用 OS、クライアント用 OS、ケースツール、開発ツール、通信ツール、コンパイラ、RDB などを含み、以下「第三者ソフトウェア」という。）を利用しようとするときは、第三者ソフトウェアを利用する旨、利用の必要性、第三者ソフトウェア利用のメリット及びデメ

リット、並びにその利用方法等の情報を提供し、甲に第三者ソフトウェアの利用を提案するものとする。

2. 甲は、前項所定の乙の提案を自らの責任で検討・評価し、第三者ソフトウェアの採否を決定する。

3. 前項に基づいて、甲が第三者ソフトウェアの採用を決定する場合、甲は、甲の費用と責任において、甲と当該第三者との間で当該第三者ソフトウェアのライセンス契約及び保守契約の締結等、必要な措置を講じるものとする。但し、乙が、当該第三者ソフトウェアを甲に利用許諾する権限を有する場合は、甲乙間においてライセンス契約等、必要な措置を講ずるものとする。

4. 乙は、第三者ソフトウェアに関して、著作権その他の権利の侵害がないこと及び不具合のないことを保証するものではなく、乙は、第 1 項所定の第三者ソフトウェア利用の提案時に権利侵害又は不具合の存在を知りながら、若しくは重大な過失により知らずに告げなかった場合を除き、何らの責任を負わないものとする。但し、前項但書の場合で、甲乙間においてライセンス契約が締結され、当該ライセンス契約に別段の定めがあるときには、当該定めによるものとする。

第 19 条（FOSS の利用）

1. 乙は、本件業務遂行の過程において、開発対象プロダクトを構成する一部としてフリーソフトウェア又はオープンソースソフトウェア（以下あわせて「FOSS」という。）を利用しようとするときは、当該 FOSS の利用許諾条項、機能、開発管理コミュニティの名称・特徴など FOSS の性格に関する情報、当該 FOSS の機能上の制限事項、品質レベル等に関して適切な情報を提供し、甲に FOSS の利用を提案するものとする。

2. 甲は、前項所定の乙の提案を自らの責任で検討・評価し、FOSS の採否を決定する。

3. 乙は、FOSS に関して、著作権その他の権利の侵害がないこと及び不具合のないことを保証するものではなく、乙は、第 1 項所定の FOSS 利用の提案時に権利侵害又は不具合の存在を知りながら、若しくは重大な過失により知らずに告げなかった場合を除き、何らの責任を負わないものとする。

第 20 条（知的財産権侵害の責任）

1. 開発対象プロダクトの利用によって、甲が第三者の著作権、特許権その他の産業財産権（以下本条において「知的財産権」という。）を侵害したときは、乙は甲に対し、第 21 条（損害賠償）第 2 項所定の金額を限度として、かかる侵害により甲に生じた損害（侵害回避のための代替プログラムへの移行を行う場合の費用を含む。）を賠償する。但し、知的財産権の侵害が甲乙双方の責に帰すべき事由により生じた場合には、甲及び乙は、当該侵害に対するそれぞれの寄与の割合に応じて損害賠償の責任を負い、甲単独の責に帰すべき事由（甲乙間で別段合意がない限り、第 18 条に定める第三者ソフトウェア又は第 19 条に定める FOSS に起因する場合を含む。）により生じた場合には、乙は責任を負わない。

2. 甲は、開発対象プロダクトの利用に関して、第三者から知的財産権の侵害の申立を受けた場合には、直ちにその旨を乙に通知するものとし、乙は、甲の要請に応じて甲の防御のために必要な援助を行う。

第 21 条（損害賠償）

1. 甲及び乙は、本契約の履行に関し、相手方の責めに帰すべき事由により損害を被った場合、相手方に対して、法令に基づく損害賠償を請求することができる。

2. 本契約の履行に関する損害賠償の累計総額は、債務不履行、不当利得、不法行為その他請求原因の如何にかかわらず、本契約に基づき甲が乙に対して実際に支払った委託料の合計金額を限度とする。

3. 前項は、損害が損害賠償義務者の故意又は重大な過失に基づくものである場合には適用しない。

第 22 条（解除）

1. 甲又は乙は、相手方に次の各号のいずれかに該当する事由が生じた場合には、何らの催告なしに直ちに本契約の全部又は一部を将来に向かって解除することができる。
    ① 重大な過失又は背信行為があった場合
    ② 支払いの停止があった場合、又は仮差押、差押、競売、破産手続開始、民事再生手続開始、会社更生手続開始、特別清算開始の申立があった場合

③　手形交換所の取引停止処分を受けた場合

④　公租公課の滞納処分を受けた場合

⑤　その他前各号に準ずるような本契約を継続し難い重大な事由が発生した場合

2.　甲又は乙は、相手方が本契約のいずれかの条項に違反し、相当期間を定めてなした催告後も相手方の債務不履行が是正されない場合、又は是正される見込みがない場合は、本契約の全部又は一部を将来に向かって解除することができる。

3.　甲又は乙は、第 1 項各号のいずれかに該当する場合又は前項に定める解除がなされた場合、相手方に対し負担する一切の金銭債務につき相手方から通知催告がなくとも当然に期限の利益を喪失し、直ちに弁済しなければならない。

4.　甲及び乙は、第 1 項又は第 2 項により解除を行った場合であっても、相手方に対する第 21 条（損害賠償）に基づく損害賠償の請求は妨げられない。

5.　本契約に定めのある場合を除き、甲と乙は、本契約を解除することはできない。

第 23 条（権利義務譲渡の禁止）
甲及び乙は、互いに相手方の事前の書面による同意なくして、本契約上の地位を第三者に承継させ、又は本契約から生じる権利義務の全部若しくは一部を第三者に譲渡し、引き受けさせ若しくは担保に供してはならない。

第 24 条（協議）
本契約に定めのない事項又は疑義が生じた事項については、信義誠実の原則に従い甲及び乙が協議し、円満な解決を図るよう努める。

第 25 条（和解による紛争解決・合意管轄）

1.　本契約に関し、甲乙間に紛争が生じた場合、甲及び乙は、次項の手続をとる前に、紛争解決のため協議を充分に行うとともに、次項及び 3 項に定める措置をとらなければならない。

2.　前項所定の協議で甲乙間の紛争を解決することができない場合、本条第 4 項に定める紛争解決手続をとろうとする当事者は、相手方に対し紛争解決のための権限を有する代表者又は代理権を有する役員その他の者との間の協議を申し入

れ、相手方が当該通知を受領してから【 】日以内に【都市名】において、本条第 4 項に定める紛争解決手続以外の裁判外紛争解決手続（以下「ADR」という。）などの利用も含め誠実に協議を行うことにより紛争解決を図る。

3. 前項による協議又は ADR によって和解が成立する見込みがない場合、甲及び乙は、法的救済手段を講じることができる。

4. 本契約に関し、訴訟の必要が生じた場合には、【　　】地方裁判所を第一審の専属的合意管轄裁判所とする。

本契約締結の証として本書を 2 通作成し、甲乙記名押印のうえ各 1 通を保有する。

　　年　　月　　日

甲
［住所］
［会社名］
［代表者等］

乙
［住所］
［会社名］
［代表者等］

（別紙）　※項目名以外は全てサンプル記載

1. 本プロジェクト

現在、甲の営業部門において使用している営業日報作成・管理のシステム
は、10 年以上前に開発されたもので、社内の PC からしか使用できず、イン
ターフェイスも使いにくい。営業日報には営業が集めてきた様々な情報が含
まれているが、検索性が低いために単なる記録にとどまっており、情報を組
織として十分活用できていない。

本プロジェクトでは、従来のシステムに代わる新たなシステムを開発する。
新システムでは、スマートフォンからも使用できるようにし、営業担当者ら
の意見を聞きながら、インターフェイスや検索性を改善して、情報をより組
織的に活用できるようにする。

2. 開発対象プロダクト

甲の営業部門において使用する営業日報作成・管理システム

（サーバアプリケーション、モバイルアプリケーション、データベース、クラウド環
境を含む。）

3. スケジュール

20XX 年 X 月　トライアル版リリース

20XX 年 X 月～X 月　営業部門からのフィードバックを得ながら改善を実施

20XX 年 XX 月　ファーストバージョンリリース

20XX 年 X 月～X 月　営業部門からのフィードバックを得ながら改善を実施

20XX 年 XX 月　セカンドバージョンリリース

4. 体制（スクラムチーム構成）

（1）乙の体制

役割	求められる経験・スキル	想定 FTE [※]	1FTE 当たりの基準単価（月額）
スクラムマスター	スクラムマスター認定資格を保有し、1 年以上のスクラムマスター経験があること。	0.8	○○千円
開発チーム（開発チームメンバのうち1名は乙側実施責任者を兼務）	Ruby on Rails での開発経験があるサーバーサイドエンジニア、iOS・Android 向けアプリの開発経験があるモバイルエンジニア、UI デザイナ、各種クラウドサービスに精通したインフラエンジニアが含まれていること。サーバーサイドエンジニア、モバイルエンジニアは 1 年以上のテスト駆動開発の経験があること。	4.0	○○千円

(2) 甲の体制

役割	求められる経験・スキル	FTE [※]
プロダクトオーナー（甲側実施責任者を兼務）	甲での営業部門経験が 2 年以上あり、業務に精通していること。甲の経営幹部と週に 1 回以上、直接コミュニケーションを取れる立場であること。	1.0
開発チーム	甲の業務に精通した者が含まれていること。	1.5

※　FTE はフルタイム当量。フルタイム勤務に換算した場合の、必要な要員数。

5. 会議体

会議名	開催日	会議目的	備考
スプリントプランニング	スプリント開始日	●スプリントバックログの決定	プロダクトオーナーの出席を要する

デイリー スクラム	毎日	●日次進捗確認 ●業務予定確認 ●課題確認 ●障害確認	プロダクトオーナーは 必要に応じて出席する
スプリント レビュー	スプリント終 了時	●開発したプロダク トの動作確認 ●バックログ等確認	プロダクトオーナーの 出席を要する ステークホルダーは必 要に応じて出席する
スプリントレト ロスペクティブ	スプリントレ ビュー後	●実施したスプリン トの振り返りと要 改善点の確認	プロダクトオーナーは 必要に応じて出席する
バックログリ ファインメント	随時	●プロダクトバックロ グの追加、変更、 優先順位の検討	プロダクトオーナーの 出席を要する

6.　本件業務の内容及び役割分担

（1）準備フェーズ（要求の洗い出し、最初のプロダクトバックログ作成）

①　共同担当業務：リリースプランニング、開発に必要な環境の準備

②　乙の担当業務：プロダクトオーナーの求めに応じた支援

③　甲の担当業務：プロダクトバックログ作成

（2）開発フェーズ（スプリントを繰り返してリリース可能なプロダクトを開発）

①　共同担当業務：スプリントバックログ作成、スプリント後の成果確 認、バックログの継続的改善

②　乙の担当業務：スプリントバックログ作成にあたってのベロシティ 及び業務量見積提示、スプリントバックログに記載された要求事項 の開発

③　甲の担当業務：業務分析、開発に必要な情報の提供、乙の求めに応 じた意思決定、スプリント完了後の成果確認・リリース承認、開発 されたプロダクトに対するフィードバックの提供

7.　本契約の有効期間

本契約の有効期間は、20XX 年○月○日から同年○月○日までとする。但

し、本契約第8条（契約期間及び更新）第2項に基づき、書面による合意により、本契約の有効期間を延長することができる。

　■別サンプル（自動延長）

　　本契約の有効期間は、20XX年○月○日から同年○月○日までとする。但し、本契約第8条（契約期間及び更新）第2項に基づき、本契約の有効期間満了日の【　】か月前までにいずれの当事者からも契約終了の意思表示がない場合には、本契約は、同一条件で更に【　】か月間更新されるものとし、その後も同様とする。

8．委託料及び支払方法

（1）委託料額：乙側人員の単価と稼働時間により算定する

（2）支払期限：乙は毎月、本契約第10条（実施業務の確認）に基づく実施業務報告の確認後に請求書を発行するものとし、甲は当該請求書発行月の翌月【　】日までに支払う

（3）支払方法：乙が指定する銀行口座への振込み（振込みに要する費用は甲が負担）

（4）遅延損害金：年【　】％

索　引

著 者 紹 介

梅本　大祐（うめもと　だいすけ）
ブレークモア法律事務所　弁護士、情報処理安全確保支援士

【略歴】
2002 年　一橋大学法学部卒業
2002 年～2005 年
　　　　日本ヒューレット・パッカード株式会社（現合同会社）にてエンジニアとして勤務
2008 年　一橋大学法科大学院修了
2009 年　弁護士登録
2010 年～2013 年
　　　　独立行政法人情報処理推進機構（IPA）ソフトウェア・エンジニアリング・セ
　　　　ンターの専門委員（非常勤）として「非ウォーターフォール型開発に適したモ
　　　　デル契約書」の策定に関与
2014 年　英国レスター大学大学院修了（LL.M. with Distinction）
2017 年～2018 年
　　　　総務省総合通信基盤局消費者行政第二課の専門職として違法・有害情報対策等
　　　　を担当
2019 年～2022 年
　　　　IPA 社会基盤センターの専門委員（非常勤）としてアジャイル開発版「情報シ
　　　　ステム・モデル取引・契約書」の策定に関与

【その他の活動】
2010 年　情報システム・ソフトウェア取引高度化コンソーシアム「情報システム・ソフ
　　　　トウェア取引トラブル事例集作成ワーキンググループ」メンバー
2020 年～2021 年
　　　　総務省「タイムスタンプ認定制度に関する検討会」委員
2021 年　厚生労働省「派遣・請負区分のあてはめの明確化に関する実務者ヒアリング」
　　　　ヒアリングメンバー
2021 年～　経済産業省「電子商取引及び情報財取引等に関する準則の改訂についての研究
　　　　会」委員

【主な著書等】
『エンタテインメント法への招待』（共著、ミネルヴァ書房、2011 年）
「アジャイル開発の特性と契約のポイント」（Business Law Journal 2013 年 7 月号）
『電子商取引・電子決済の法律相談』（共著、青林書院、2020 年）
『デジタルプラットフォームの法律問題と実務』（共著、青林書院、2021 年）

アジャイル開発の法務
スクラムでの進め方・外部委託・偽装請負防止・
IPA モデル契約とカスタマイズ

2022 年 11 月 14 日　初版発行

著　者　梅　本　大　祐

発行者　和　田　　　裕

発行所　日本加除出版株式会社
本　　社　〒171−8516
東京都豊島区南長崎 3 丁目 16 番 6 号

組版・印刷・製本　㈱アイワード

定価はカバー等に表示してあります。
落丁本・乱丁本は当社にてお取替えいたします。
お問合せの他、ご意見・感想等がございましたら、下記まで
お知らせください。

〒171−8516
東京都豊島区南長崎 3 丁目 16 番 6 号
日本加除出版株式会社　営業企画課
電話　　03-3953-5642
FAX　　03-3953-2061
e-mail　toiawase@kajo.co.jp
URL　　www.kajo.co.jp

© Daisuke Umemoto 2022
Printed in Japan
ISBN978-4-8178-4843-7

新アプリ法務
ハンドブック

商品番号：40934
略　　号：アプリ

増田雅史・杉浦健二・橋詰卓司 編著

2022年11月刊 A5判 320頁（予定）定価2,970円（本体2,700円）
978-4-8178-4853-6

アプリ法務の実務経験豊富な著者陣による解説。デベロッパー向け規約や
審査ガイドラインの最新情報、DPF透明化法、取引DPF法、個情法、特
商法、消費者契約法、電気通信事業法、プロ責法等の改正も踏まえた１冊。
アプリ利用規約、プライバシーポリシーのひな形も収録。

第2版
技術法務のススメ
事業戦略から考える知財・
契約プラクティス

知財戦略・知財マネジメント・契約交渉・契約書作成・特許
ライセンス契約・秘密保持契約・PoC（技術検証）契約・
共同開発契約・共同出願契約・ソフトウェアライセンス契約・
データ提供契約など

商品番号：40556
略　　号：技法

鮫島正洋 編集代表

2022年7月刊 A5判 472頁 定価4,950円（本体4,500円）
978-4-8178-4809-3

知財×法務の決定版。著者が提唱する知財戦略セオリのすべてがわかる。
「必須特許なくして、市場参入なし！」①マーケティング②技術開発③知
財取得の連鎖が企業競争力アップに繋がる。契約書作成のための法的思考
プロセスや具体的な条項例も紹介。スタートアップ支援にも最適。

日本加除出版

〒171-8516　東京都豊島区南長崎３丁目16番６号
TEL（03）3953-5642　FAX（03）3953-2061（営業部）
www.kajo.co.jp